어서 오세요,
펫로스 상담실입니다

# 어서 오세요,
# 펫로스 상담실입니다

조지훈
지음

이별이 힘든 이들을 위한 특별한 심리 상담

**라곰**

# 추천의 글

○

저자는 외면하고 싶지만 외면할 수 없는 이야기를 정확한 진단과 다정한 대화로 풀어내고 있습니다. 유난 떤다는 사회적 시선에 맞서 '유난히 힘든 일'이라고 말해주는 저자의 말에서 큰 힘을 얻었습니다.

설채현 · EBS 〈세상에 나쁜 개는 없다〉 수의사

고양이와 보호자가 함께하는 평균 기간은 15년입니다. 수의사로서 저의 역할은 고양이와 보호자가 오롯이 행복하고 건강한 시간만을 보내게끔 가이드를 해주는 것입니다. 하지만 고양이가 떠난 후 남겨진 이들을 위한 가이드는 할 수 없음에 안타까움이 많았습니다. 펫로스 상담실은 그 어떤 상담실보다 슬픔으로 가득 찬 곳일 것입니다. 하지만 저자는 이런 슬픔에 대한 가이드를 차분하게, 다른 이들의 사례를 통하여 따뜻하게 안내하고 있습니다. 이 책을 통해 슬픔을 이겨내는 현실적인 방법을 모든 이가 찾기 바랍니다.

나응식 · EBS 〈고양이를 부탁해〉 수의사

임상심리전문가인 저자는 이 책에서 자신도 겪었던 펫로스 경험을 통해 '펫로스 증후군'으로 고통 받는 이들의 심리적 어려움에 공감하며 전문적인 도움을 제공하고 있습니다. 독자는 이 책을 통해 점차 펫로스 증후군에서 스스로 치유되는 경험을 할 수 있을 것입니다.

신민섭 · 전 서울대학교병원 소아청소년정신과 교수

반려동물은 이제 우리에게 가족입니다. 반려동물과의 사별은 가족과의 사별만큼 아프고 많은 문제를 일으킬 수 있지만, 제대로 이해받고 치유받기는 어렵습니다. 이 책은 반려동물과의 사별과 애도 과정을 다룬 보기 드문 책으로, 전문가적 접근과 개인적 경험이 조화를 이루어 독자에게 다가섭니다. 반려동물과 사별한 사람에게는 진정한 치유와 회복을 선사하며, 지켜보는 사람에게는 공감하고 위로하는 법을 알려줍니다. 이 책을 통해 많은 이들이 사별의 고통에서 벗어나 수용과 변화의 치유를 경험하고 일상생활을 회복하길 바랍니다.

김은정 · 아주대학교 심리학과 교수

이 책은 펫로스 증후군에 대한 심리 치유에 있어서 저자의 전문적인 지식을 토대로 반려인에게 현실적인 대처 방안을 제시합니다. 반려동물과 함께 살아가는 사람들이 건강한 이별을 마주할 수 있도록 도울 것입니다. 반려인을 충분히 존중하는 마음이 담긴 따뜻한 책입니다.

강성일 · 반려동물 장례지도사, 작가

나보다도 소중한 존재를 잃어봄으로써 말로 표현할 수 없는 사무치는 비통함이 있음을 배웠습니다. 충분히 애도하며 가끔은 울컥 쏟아내도 된다는 따스한 메시지가 펫로스 증후군을 겪는 이들에게 기대 이상의 위로가 되어주리라 확신합니다. 슬픔을 끌어안았지만, 그럼에도 불구하고 반려동물과 함께했던 소중한 기억으로 우리는 다시 행복해질 수 있습니다.

밍구누나 · 내담자

# 상담을 시작하며

○

　안녕하세요. 저는 '펫로스 심리 상담 센터 안녕'의 원장 조지 훈입니다. 저희 상담실에 관심을 가지고 여기까지 오셨다는 것은 반려하는 동물과 헤어질 날을 걱정하거나 헤어진 경험이 있다는 말이겠죠.

　본격적인 상담에 앞서 먼저 제 경험을 이야기하겠습니다.

　지금으로부터 약 6년 전, 더위가 찾아오던 7월의 휴일이었습니다. 저희 부부가 산책길에 마주친 그 녀석은 길에서 생활하던 고양이였습니다. 몸이 매우 야위어 있었고, 목소리는 가늘고 떨렸으며, 굶주린 듯한 모습으로 우리를 경계했지요. 캔 사료 하나를 급하게 사 와서 주니, 허겁지겁 먹는 녀석의 모습은 너무도 안쓰러워 보였습니다.

그대로 지나칠 수 없어 가까운 동물병원에 데리고 가 진료를 받았습니다. 검사 결과, 누군가의 학대 혹은 사고로 생긴 것으로 추정되는, 생명을 위협할지도 모르는 외상이 발견되었습니다. 예상했던 것보다 심각한 상태에 놀랐고, 상상하지 못했던 금액의 수술비에 한 번 더 놀랐습니다.

하지만 이 녀석을 길에서 만난 순간부터 가족이 될 것이라 예감했기 때문에, '죽을 때까지 돌봐줄 각오'를 다졌습니다. 수술은 성공적이었고 녀석은 저희 집으로 왔습니다. 배에 붕대를 칭칭 감은 녀석은 눈치를 보며 조심스럽게 밥을 먹었지만, 조금씩 애교를 부리기 시작했습니다. 처음 보는 화장실에 배변도 가렸습니다. 얼마나 기특하던지요.

심리학자인 저희 부부는 그 녀석에게 인지행동치료(CBT)의 아버지라 불리는 아론 벡(Aron T. Beck)의 이름을 따서 '아론'이라는 이름을 붙였습니다. 그렇게 아론이는 저희 식구가 되었지요.

아론이는 저에게 기쁨과 행복을 가져다주었지만, 한편으로는 마음 한구석 저 멀리에 있던 어두운 기억도 떠올리게 했습니다. 아론이보다 훨씬 이전에 함께했던, 저에게는 막내 여동생과 다름없던 다롱이에 대한 기억을 말입니다. 너무도 갑작스러웠고 가슴 아팠던, 다롱이가 떠나던 순간의 기억을요.

다롱이와는 제가 중학교 2학년이던 4월의 어느 봄날, 가족이 되었습니다. 처음 만났을 때 다롱이는 아직 젖도 떼지 못한 어린 강아지라, 따뜻한 물에 강아지 분유를 타서 먹여야 했습니다. 처음에는 개와 사람의 생활 영역을 분리해야 된다는 생각에 이불에 올라오지 못하게 했지만, 얼마 지나지 않아 다롱이는 가족들과 함께 자기 시작했지요. 가족 여행도 늘 함께 다녔고, 고깃집에서 외식을 할 때면 항상 다롱이를 위해 남은 고기와 뼈를 챙겨 왔습니다.

그렇게 행복한 시간이 계속될 줄 알았지만 제가 군대에 다녀오는 2년 동안 다롱이는 급속하게 쇠약해졌습니다. 은색의 아름다운 털은 조금씩 빛이 바랬고, 이빨이 하나둘씩 빠지기 시작했죠. 걷는 것, 숨 쉬는 것도 점차 힘들어했습니다. 그래도 녀석은 여전히 저희와 함께 어울리기를 좋아했고, 건강했을 때와 마찬가지로 활발한 모습을 보일 때도 있었지요.

하지만 2009년 4월 11일, 갑작스럽게 발작을 일으키며 다롱이는 우리 곁을 떠났습니다. 온 가족이 함께 마지막 인사를 할 수 있었던 것은 그나마 다행이었지만, 준비되지 않은 이별의 고통은 너무도 컸습니다. 다롱이가 떠나고 두어 달 동안 집에서는 웃음소리도, 이야기 소리도 나지 않았습니다. 11년 동안을 함께한 가족이었으니, 집 안 곳곳에 밴 다롱이의 흔적을 보는 것도 고통이었죠. 다행인지, 야속한 것인지 시간이 흐르며 다롱이의 흔적들은 조금씩 사라져갔지만, 그것들이 사라지는 순간조차도 저에게는 고통이었습니다.

저는 이때 경험한 이별의 고통이 두려워 두 번 다시 반려동물을 키우지 않으리라 다짐했습니다. 그렇게 굳게 다짐했는데, 다롱이가 떠나고 8년이라는 세월이 흐른 뒤 고양이 한 마리를 다시 가족으로 맞이한 것입니다.

'언젠가는 이 녀석도 내 곁을 떠나는 날이 올 텐데……. 내가 또다시 이별을 마주할 수 있을까, 이별의 슬픔을 잘 극복해낼 수 있을까?' 피할 수 없는 현실을 떠올리자 상실에 대한 생각에 가슴이 먹먹해지고, 슬프고 두려운 감정이 들었습니다. 하지만 힘들고 어려울지라도 또 한 번의 이별을 극복해낼 수 있다는 믿음 또한 있었습니다. 다롱이를 떠나보냈을 때의 저와 아론이를 가족으로 맞이한 지금의 저는 많이 다르기 때문입니다.

다롱이가 떠날 당시의 저는 이제 막 심리학개론 수업의 기말

고사를 마친 어리바리한 심리학과 학생이었습니다. 그때는 반려동물을 떠나보내고 느끼는 상실감과 고통이 '펫로스 증후군'이라는 사실도, 어떻게 해야 그것을 잘 극복할 수 있는지도 몰랐죠. 하지만 지금은 그래도 서울대학교병원 소아정신과에서 수련을 마치고 임상심리전문가 자격증을 취득한 어엿한 심리학자입니다(아직 많이 부족하지만요). 아내 역시 그 재미없는 심리학을 공부한 심리학자이고요. 우리 두 사람이 함께라면 펫로스를 극복하기 위한 길을 찾을 수도 있지 않을까 하는 생각이 들었습니다.

심리학자로서, 그리고 고양이를 키우는 반려인으로서 저희 부부는 다시 찾아올 펫로스를 준비하기 위해 나름의 대비를 하기 시작했습니다. 사별과 애도 과정, 반려동물과 인간의 유대감에 대해서도 공부했습니다. 국내에는 아직 전문적인 교육 과정이 없어서 해외의 펫로스 상담사 교육 프로그램을 알아보고 수료했습니다. 사별과 가장 밀접한 관련이 있는 우울증을 다루기 위해, 인지행동치료로 유명한 미국의 벡 인지행동치료소(Beck Institute for Cognitive Behavior Therapy)에서 우울증과 자살 예방에 대한 연수에 참여하기도 했지요. 그리고 저와 비슷한 경험으로 힘들어하는 이들과 아픔을 나누고 위로를 전하고

자, 우리나라의 첫 펫로스 전문 상담실을 열었습니다.

　많은 내담자가 다양한 이유로 펫로스를 경험하고 상담실에
찾아옵니다. 반려동물이 나이 들어 자연스럽게 이별한 분, 질
병으로 갑작스럽게 떠나보낸 분, 사고로 잃은 분, 떠나간 반려
동물이 유일한 가족이었던 분……. 사연은 저마다 다르지만,
쉬운 이별이란 없습니다.

　펫로스 상담은 총 여덟 번에 걸쳐 진행됩니다. 상담실에서
반려인들은 자신의 이별에 대해서 이야기하고, 어디서도 표현
하지 못한 감정을 쏟아냅니다. 그렇게 펫로스를 인정하고 일어
나는 감정을 온전히 경험하며, 사별 현실에 적응하고, 떠난 반
려동물을 위한 마음의 자리를 만듭니다. 반려인들은 이 과정 속
에서 저마다의 방식과 속도에 맞춰 '애도'라는 목표를 완성해나
갑니다.

　하지만 때로는 상담을 받기 힘들어서 도중에 중단하거나 혹
은 상담을 시작조차 하지 못하는 분들도 있었습니다. 그런 분들
을 볼 때마다 '펫로스와 펫로스 증후군을 자세히 다룬 책이 있
었더라면……' 하는 아쉬움이 남았지요. 그런 아쉬움에 더 많은
사람에게 도움이 되고 싶다는 마음이 더해져, 제가 펫로스 증후

군과 극복 방법을 알려야겠다 생각했습니다.

펫로스 증후군이란 반려동물의 사별 이후에 경험하는 일종의 사별 반응입니다. 반려인이 느끼는 우울감, 사별한 반려동물에 대한 갈망, 죄책감, 수면 문제 등을 포괄합니다. 심할 경우 일상에서나 일할 때나 어려움을 경험하기도 하죠.

반려동물이 가족과 같은 존재라는 점에서 볼 때, 펫로스 증후군은 가족과의 사별로 인해 생기는 심리적 문제라고도 볼 수 있습니다. 하지만 여기에는 미묘하게 다른 점들이 존재합니다.

반려동물 사별을 준비하는 과정이나 장례를 치르는 과정은 사람의 그것과는 조금 다릅니다. 지지나 공감을 위한 사회적 인식이 부족하다는 점도 큰 차이입니다. 이러한 차이점은 반려인들이 펫로스 증후군을 극복하기 어렵게 만드는 요인이기도 합니다.

저는 이 책을 통해 펫로스 증후군에 대해 이야기하려고 합니다. 펫로스에서 경험하는 증상과 그것을 극복하는 방법에 대해서도 말할 것입니다. 사별과 애도 과정, 그리고 인지적 개입과 마음 챙김 등 펫로스를 극복하는 데 도움이 되는 방법도 다룰 것입니다.

펫로스 증후군에 대해 말하다보면 심리학 지식을 함께 이야기할 수밖에 없습니다. 조금 어려운 개념이 나올 수도 있지만, 가능한 한 쉽게 풀어쓰려고 했고 보편적인 상담 사례를 통해 여러분의 이해와 공감을 이끌고자 노력했습니다.

이야기를 시작하기 전에 한 가지 말씀드리고 싶은 게 있습니다. 펫로스뿐 아니라 대부분의 심리적 문제를 극복하는 데는 '수용'과 '변화'가 가장 중요합니다. '수용' 없이는 문제를 온전히 인식할 수 없으며, '변화' 없이는 기존의 문제에서 한 걸음도 나아갈 수 없다는 점을 항상 떠올려주기를 바랍니다.

저와의 이야기가 반려동물과의 사별로 인해 힘든 시간을 보내고 있는 반려인들에게 작은 위로와 희망이 될 수 있기를 바랍니다. 또한 펫로스를 경험해보지 않은 사람 혹은 반려동물과 함께 지내지 않았던 사람들에게는 반려동물을 잃은 반려인들을 공감하고 이해하는 기회가 되었으면 좋겠습니다.

2023년 9월
조지훈

# 차례

세 번째 상담

# 모든 게 제 탓인 것 같아요 : 심리적 오류

- ✅ 펫로스 증후군의 정의
- ✅ 펫로스 증후군의 진단
- ✅ 펫로스 증후군에 관한 오해와 진실

# 혹시 저도
# 펫로스 증후군인가요?

## : 펫로스 증후군 이해하기

### 상담 노트 #1

| | |
|---|---|
| **내담자** | 김영화(여, 27) |
| **반려동물** | 미미(코리안 쇼트헤어, 암컷, 14살) |
| **특이사항** | 두 달 전 신부전증 악화로 미미와 사별 후 일상을 이어나가기 힘들 정도의 우울 증상을 겪고 있음 |

# 누구에게나
# 일어날 수 있는 일

● "두 달 전 미미를 떠나보내고 힘든 하루하루를 보내고 있습니다. 일도 손에 잡히지 않고, 갑자기 눈물이 쏟아지거나 멍해지는 등 일상이 괴롭습니다. 제가 너무 나약한 걸까요?"

저는 '가족처럼', '가족같이'라는 말을 상담실에서 사용하는 것을 그다지 좋아하지 않습니다. 반려동물은 반려인에게 이미 가족으로 여겨지기 때문이지요.

반려동물의 죽음은 가족과 사별하는 경험이에요. 나와 같이 행복했고, 힘든 시간을 함께 보내주었고, 서로에게 위로와 힘이 되어주었던 존재가 사라지는 경험이 어떻게 힘들지 않을 수 있을까요?

　저도 14년 전 반려동물과 사별하고 이별의 고통에 힘들었던 적이 있습니다. 그때만 하더라도 반려동물과의 사별을 바라보는 시선이 지금과는 달랐습니다. '그래 봤자 동물'이라며, 반려동물 장례식 등에 돈을 쓰는 것이 사치와 유난으로 여겨졌지요. 안 그래도 사랑하는 반려동물과의 이별 때문에 힘든데, 사회적 시선 때문에 더욱 힘든 시간을 견뎌야 했죠.

　하지만 점차 사회적 인식이 바뀌며 사람들은 반려동물이 단순한 동물 이상의 존재임을 인정하기 시작했습니다. 반려동물을 더 이상 애완동물이라 부르지 않기 시작했고, 동물과 함께 살아가는 사람들은 동물들의 습성을 좀 더 잘 이해하고자 노력하고 있고요.

　사람들은 이제 반려동물을 진정한 의미의 개별적인 존재이자 가족으로 받아들이고 있습니다. 그만큼 반려동물 사별에 대한 인식도 달라졌습니다. 그들의 마지막을 준비하고 떠나보내는 것이 매우 중요한 과정임을 알아차렸죠. 그리고 반려동물과의 사별 이후 경험하는 심리적 문제들을 '펫로스 증후군(Pet loss syndrome)'으로 정의하고 서로의 아픔을 공유하기 시작했습니다.

## 두 가지 이상의 증상이 동시에 나타난다

○

펫로스 증후군이란, 반려동물과의 사별 이후에 경험하는 심리적 문제를 말합니다. 엄밀하게 말해서 펫로스 증후군은 정식으로 인정된 정신 질환은 아닙니다. 반려동물과의 사별이 우울장애나 불안장애 그리고 외상 후 스트레스장애(PTSD)를 유발할 수 있지만, 펫로스 증후군 자체는 우리가 질병이라고 부르는 목록에 포함되지 않습니다. 그러나 질병이 아니라고 해서 우리에게 심리적 고통을 주지 않는 것은 아닙니다.

펫로스 증후군이라는 말에서 '증후군'이란, 특정한 사람에게서 두 가지 이상의 증상이 함께 나타나는 것을 뜻합니다. 예를 들어, 메니에르 증후군이라 불리는 이비인후과 질환은 구토, 메스꺼움, 이명, 난청 등과 같은 증상 중 두 가지 이상이 동시에 나타납니다. 이와 비슷하게 펫로스 증후군을 겪는 사람들에게는 우울감, 외로움, 자신의 행동에 대한 죄책감이나 후회, 사별한 반려동물을 다시 만나고 싶다는 갈망, 반려동물을 떠올릴 만한 장소나 상황 회피, 주의 집중 곤란과 같은 증상들이 두 가지 이상 함께 나타납니다.

일반적으로 이러한 증상들은 2개월 정도 지나면서 자연스럽게 치유되며, 반려인을 괴롭히는 심각한 심리적 고통 또한 점차 완화됩니다. 하지만 때로는 상당한 시간이 지나도 어제 막 사별을 겪었던 것처럼 강렬하고 고통스러운 감정이 계속되기도 합니다. 대체 우리는 왜 펫로스로 인해 심리적 고통을 느끼는 걸까요?

## 나의 취약성을 파고드는 것

○

생리적 변화로 인한 몇몇 경우를 제외하고 대부분의 정신 건강 문제들은 어느 날 갑자기 아무 이유 없이 생기지 않습니다. 시험에서 떨어졌거나, 연인과 이별했거나, 직장 동료와 다투었거나, 경제적으로 힘든 상황에 처했거나 반려동물과 사별하거나 등등 구체적인 이유가 있죠. 원인이 되는 스트레스가 먼저 발생하고, 문제가 나타납니다. 이 원인이 되는 사건을 '스트레스 사건'이라고 부릅니다.

사람이 저마다 다른 성격을 가졌듯이, 스트레스에 대한 취약성도 저마다 다릅니다. 어떤 사람은 시험에 떨어지는 것을 별로 신경 쓰지 않지만, 친구와의 관계에서 갈등이 생기는 것에는 민감할 수 있습니다. 반대로 누군가는 관계에서 생기는 갈등은 상관없지만, 시험에 떨어지는 것에는 스트레스를 받을 수도 있죠.

스트레스 사건이 우리의 취약한 부분과 맞물려서 더 큰 부정적인 효과를 만들어낼 때, 우리는 정신 건강과 관련한 문제를 경험합니다. 이러한 취약성의 원인은 다양합니다. 태어날 때부터 생물학적으로 취약한 부분을 가지고 있었을 수도 있고, 성장하면서 경험하는 다양한 사건들을 통해 후천적으로 얻을 수도 있죠.

펫로스 증후군에 대한 취약성도 여러 가지입니다. 만약 부정적인 것에 자꾸 몰두하는 습관이 있는 사람이라면, 반려동물 사별에 대한 부정적인 생각이나 감정에 몰두하여 우울감을 보다 자주 경험할 겁니다. 이전의 사별 경험을 적절하게 애도하지 못했던 경우도 반려동물의 사별에 더 취약할 가능성이 있지요. 업무가 너무 바빠서 적절한 애도 과정을 거치기 힘든 사람도 펫로스 증후군에 취약성을 가졌다고 볼 수 있습니다. 주변에 사별 경험을 지지하고 위로해줄 사람이 없다면 그것 역시 대인 관계 자원과 관련된 취약성을 가졌다고 할 수 있죠.

예전에 상담했던 어느 반려인은 가족과의 사별을 애도할 시간과 여유를 갖지 못한 채 지내다가, 상당한 시간이 흐른 뒤에 반려동물과의 사별을 경험했습니다. 이러한 두 번의 사별 경험이 뒤엉켜 복잡한 애도 반응을 일으켰고, 펫로스 증후군과 우울증으로 이어졌죠. 이분의 경우에는 처음 사별 경험을 제대로 애도하지 못한 것이 취약점이 된 셈입니다.

그렇다면 취약성이 있는 사람은 펫로스 증후군을 온몸으로 겪어야만 하는 걸까요? 아닙니다. 그렇다면 이 책을 읽어야 할 이유가 없겠죠. 우리가 펫로스 증후군을 알아야 하는 이유가 바로 여기에 있습니다. 내 취약점을 알고, 적절한 대처 자원을 준비한다면 반려동물과의 사별을 적절하게 애도하고 잘 극복할 수 있습니다.

예를 들어, 부정적인 생각이나 감정에 몰두하는 성향의 반려인 지선 씨가 있다고 가정해봅시다. 부정적인 생각에 몰두하는 것은 분명 취약점입니다. 하지만 지선 씨 주변에 함께 이야기를 나눌 수 있는 사람이 많이 있다면 어떨까요? 지선 씨는 지인들과 펫로스에 대해서 솔직한 생각과 감정을 공유할 기회가 많겠죠. 즉, 지선 씨는 대인 관계적 자원을 통해 자신이 가진 취약성을 극복할 수 있을 겁니다.

## 피할 수 없는 반려인의 숙명

○

반려동물의 수명은 반려동물의 종류만큼이나 천차만별입니다. 작고 앙증맞은 골든 햄스터의 평균 수명은 2~3년으로 짧지만, 아름다운 무늬의 등껍질을 가진 레오파드 육지거북의 평균 수명은 50년으로 매우 깁니다. 제가 레오파드 육지거북을 지금부터 키우기 시작한다면, 녀석의 마지막 모습을 지켜보지 못할 수도 있죠.

가장 많은 사람이 반려동물로 키우고 있는 개와 고양이의 평균적인 수명은 15년에서 길게는 20년 사이라고 알려져 있습니다. 그러니까 레오파드 육지거북처럼 장수하는 몇몇 동물들을 제외하고, 반려동물은 대부분 인간보다 수명이 짧습니다. 이러한 점에서 펫로스는 반려인이 반려동물을 맞이하면서부터 피할 수 없는 숙명과도 같죠.

정도와 기간의 차이는 있지만, 반려인들은 대부분 반려동물과의 사별 이후에 다양한 증상을 경험합니다. 이 증상들은 하나같이 마음을 힘들게 합니다. 하지만 이런 증상들 때문에 힘들다고 해서 펫로스 증후군은 나쁜 것이며 반려동물을 사별한 반려인들에게 있어서는 안 될 일이라고 말할 수 있을까요?

여기 두 갈래의 길이 있습니다. 하나는 애초에 펫로스 증후군이란 존재하지 않는 길입니다. 사별한 반려동물에 대한 모든 생각과 감정을 잊어버릴 수 있는 길이죠. 언뜻 들으면 굉장히 좋은 방법 같아 보이지만, 그들을 떠나보내며 겪었던 시간 등 좋지 않은 기억을 지워버리면서 우리가 함께 나눈 즐거웠던 기억도 같이 지워진다고 상상해보세요. 고군분투하던 나의 모습과 녀석의 힘겨운 움직임, 쇠약해지고 빛을 잃은 눈동자를 멍하게 쳐다보던 기억과 동시에 나를 항상 설레고 들뜨게 했던 활발한 움직임과 세상을 다 가진 듯 편안했던 오후의 기억들까지 모두 사라지는 길이죠.

다른 하나의 길은 비록 내 가슴이 찢어질 듯 아프고 아련한 추억들이 가끔씩 나를 힘들게 하겠지만, 모든 것을 기억에 남기는 길입니다. 반려동물과 함께했던 시간 중 일부가 아닌, 모든 것을 온전히 추억할 수 있는 길이지요.

정답은 이미 여러분이 알고 계시리라 믿습니다. 회자정리(會者定離)라는 말이 있듯이 만남이 있으면 반드시 헤어짐이 있고, 삶이 있으면 반드시 죽음이 있습니다. 거스를 수 없는 운명이라면, 저와 함께 반려동물과의 기억을 슬프지만 아름답게 남길 수 있도록 한 걸음씩 조심스럽게 나아가보는 건 어떨까요?

# 펫로스 증후군
# 진단하기

"사람들을 만나는 것도 힘들고, 만성 피로처럼 아무 것도 하기 싫어요. 펫로스 증후군을 알아챌 수 있는 구체적인 증상이 있나요?"

사람들은 일생 동안 다양한 스트레스 사건을 경험합니다. 그 중 인생의 큰 변화를 가져오는 이혼, 실직, 이사, 이직, 은퇴 그리고 결혼은 큰 스트레스를 주지요. 그리고 사별은 인간이 살면서 경험할 수 있는 가장 큰 스트레스 사건 중 하나입니다.

스트레스는 우리를 정신적·육체적으로 약해지게 만듭니다. 스트레스를 받으면 우리 몸은 자연스럽게 코르티솔이라는 물질을 분비해 스트레스에 대처할 수 있도록 돕지만, 이 고마운 물질도 지속적으로 분비되면 우리 몸의 면역력을 떨어뜨리는 부정적인 영향을 미칩니다.

펫로스 증후군을 겪는 반려인은 소화 불량이나 두통, 피로감, 가슴 통증이나 근육통 등을 경험합니다. 이는 펫로스 증후군이 주는 스트레스가 원인일 가능성을 배제하기 힘듭니다. 반려동물과 사별하고 제대로 애도하지 못한다면 이런 문제와 맞닥뜨리는 것이죠.

다음 질문을 보고 펫로스 이후 겪은 상태에 대해 '그렇다'고 생각되는 항목에 체크 표시를 해보세요.

| 질문 | 예 | 아니오 |
|---|---|---|
| 극심한 우울감·죄책감·불안감을 경험한다. | | |
| 쉽게 잠들지 못하거나 중간에 깬다. | | |
| 쉽게 무기력감이나 피로감을 느낀다. | | |
| 일상생활이나 일을 할 때 어려움을 겪는다. | | |
| 식욕이나 체중에 큰 변화가 생겼다.<br>(1개월 동안 5% 이상) | | |

죽음이나 자살에 대해 자주 생각하고 있다.

사별 순간에 대한 기억들이 자주 떠올라 힘들다.

예민하고 긴장된 상태로 있는 경우가 많다.

자신, 타인, 세상에 대한 부정적인 신념이 생겼다.

사별을 떠올리게 하는 장소, 사람, 대화를 피한다.

이 항목은 펫로스 이후 자신의 상태를 점검하기 위한 내용입니다. 만약 '그렇다'라고 대답한 문항이 5개 이상이라면 일반적인 수준을 넘어선 것일 수 있습니다. 즉, 펫로스 증후군을 겪을 확률이 높다는 뜻이죠.

## 복합 애도 반응의 하나

○

애도란 사랑하는 대상의 죽음과 그로 인한 상실을 받아들이고, 대상을 기억하며 대상 그리고 상실과 관련된 감정들을 수용하는 경험입니다. 일반적인 애도에서 우리는 대상의 죽음을 분명하게 받아들이고, 다양한 감정들을 수용하며, 변화된 현실에 자연스럽게 적응할 수 있습니다. 하지만 만약 사별에 대한 심리적 고통이 극심하거나 장기간 계속된다면, 이는 일반적인 애도 반응이 아닌 보다 복잡한 애도 반응이라는 뜻일 수 있습니다. 이를 '복합 애도 반응'이라고 합니다.

복합 애도 반응을 겪는 사람은 대상의 죽음을 좀처럼 인정하기 힘들어하며, 시간이 지날수록 고통이 오히려 더 심해지기도 합니다. 변화된 현실에 적응하기란 불가능하다고 느끼기도 하지요.

이러한 애도 반응이 1년 넘게 이어지기도 합니다. 물론, 반려동물 사별 이후에 나타나는 기분 증상들을 너무 쉽고 빠르게 극복했다고 말하는 경우도 정상적인 애도 과정을 겪었다고 볼수는 없습니다.

펫로스 증후군도 자신에게 중요한 대상을 상실하였다는 점에서, 복합 애도 반응의 하나라고 볼 수 있습니다. 사별을 경험한 반려인이 현재 복합 애도 반응을 겪고 있는지 여부를 정확하게 파악하기는 쉽지 않습니다. 하지만 다음의 여섯 가지 증상을 살펴봄으로써 현재의 애도 반응이 정상적인지를 짐작해볼 수 있습니다.

## 펫로스 증후군을 판별하는 6가지 증상

○

첫 번째는 과민성입니다. 때때로 사별 이후, 반려인은 예민하고 불안정한 상태를 보이기도 합니다. 사별을 경험한 이후 자극이 없거나 사소한 자극에도 감정적 반응을 보이는 등 평소와 다른 과민한 모습을 보인다면, 사별이 주는 스트레스가 일반적인 경우보다 심하다는 의미일 수 있습니다.

두 번째는 멍해지는 증상입니다. 사별 이후 어떠한 감정도 느끼기 힘들다면, 달리 말해 감정이 마비된 것 같은 느낌을 받는다면, 이 또한 일반적인 애도 반응이라고 보기 힘듭니다.

세 번째는 비통함입니다. 물론, 반려동물 사별 이후 슬픔을 느끼는 것은 당연한 반응입니다. 가슴을 쥐어짜는 듯한 고통스러운 감정이 올라올 수도 있지요. 하지만 그 비통함이 사별 이후 시간이 지나도 누그러지지 않는다면 이는 복합 애도 반응을 의미하는 신호일 수 있습니다.

네 번째는 무심함입니다. 평소에 반려동물을 지극 정성으로 돌보던 반려인이 사별에는 무심한 모습을 보일 수도 있습니다. 이런 경험이 자신에게 별일이 아니라는 반응을 보이거나 사별한 반려동물을 평가절하하며 "그저 동물일 뿐이었다"라고 말하기도 하지요. 하지만 이는 사별이 주는 너무도 큰 심리적 고통으로부터 자신을 지키기 위한 방어벽일 수도 있습니다.

다섯 번째는 상실에 대한 몰두입니다. 반려인들은 사별한 반려동물을 반복해서 생각하거나 특히 잘못했던 점, 후회하는 일에 몰두하기도 합니다. 이런 과정에서 스스로를 돌아보며, 긍정적인 추억이 더 많았음을 떠올리고 훈훈한 결말을 내리는 사람도 있지만, 이렇게 몰두하다 애도 반응에서 벗어나지 못하는 사람도 있습니다.

마지막으로 즐거움을 느끼지 못하는 것입니다. 반려동물과의 사별 이후 슬픔에 빠져 있던 반려인들은 점차 일상으로 돌아옵니다. 취미 활동을 다시 시작하기도 하고, 지인들과 즐겨 만나기도 합니다. 하지만 때로는 이러한 활동에서 즐거움을 느끼지 못할 수도 있으며, 즐거움을 주는 활동을 하는 것에 죄책감을 느끼기도 합니다. 이 역시 복합 애도 반응을 의심할 수 있는 증상입니다.

이전 상담에서 말했듯이 펫로스 증후군은 정신 질환이 아닙니다. 하지만 펫로스로 인해 우울증이나 외상 후 스트레스장애(PTSD) 같은 정신 건강 문제가 생길 수 있습니다.

# 우울증으로 악화될 수도 있다

○

민아 씨는 한 달 전에 15년 동안 자식처럼 돌보던 반려견과 사별했습니다. 이후 하루도 눈물이 마를 날이 없었죠. 새벽까지 잠을 못 이루었고, 사진을 보다 울다 지쳐 겨우 잠드는 날이 이어졌습니다. 반려견에 대한 죄책감도 수시로 그녀를 괴롭혔습니다. 취업 준비를 위해 토익을 공부하고 있지만 집중이 되지 않았습니다. 쉬운 문제를 틀리기도 하고, 단어를 외우는 것도 너무 어렵게 느껴졌습니다. 한 달 사이에 체중은 3킬로그램이 넘게 줄었습니다. 심지어 자신이 무가치한 사람이라는 생각도 들었습니다.

펫로스 증후군을 상담하며 만난 반려인들은 우울감과 죄책감을 가장 많이 호소합니다. 이 사실만 봐도 우울증과 펫로스 증후군이 얼마나 많은 관련성이 있는지 잘 알 수 있습니다. 우울증은 우울감, 죄책감과 같은 기분 증상뿐만 아니라, 피로감이나 무기력감, 수면 문제, 식욕 및 체중의 변화, 인지 기능의 저하, 초조감, 일상에서 즐거움을 느끼지 못하는 등의 증상이 나타나는 정신 건강 문제입니다. 이는 가장 흔하면서, 자살이나 죽음과 관련된 주제에 몰두하게 만들어 사람의 생명을 위협

하는 중요한 정신 건강 문제이기도 하지요.

만약 펫로스 이후에 민아 씨와 같은 증상들을 경험하고 있다면, 이는 펫로스 증후군을 넘어서는 우울증 상태일 가능성이 큽니다.

이전에는 중요한 대상과의 사별 이후에 경험하는 우울 증상들을 '우울증'으로 보기 힘들다는 견해도 있었습니다. 사별이라는 특별한 사건이 없었다면 우울해지지 않았을 것이며, 따라서 이러한 우울감은 정상적이라는 시각에서 나온 것이었지요.

하지만 현재는 사별이 일어났다 하더라도 우울증 진단 기준을 충족하는 증상들이 다수 관찰된다면 세심하게 다룰 필요가 있다는 견해가 일반적입니다. 사별 직후에 발생하는 우울증도 결국은 우울증이라는 말이죠.

펫로스 증후군 이후에 우울감이나 무기력감 같은 일부 우울 증상을 경험하는 건 정상이라고 볼 수 있습니다. 하지만 우울증이라고 할 수 있는 여러 증상이 반려인에게 심리적 고통과 현실적 문제를 겪게 한다면 이를 단순히 '정상적인 애도 과정의 일부'라고 보기는 어렵습니다.

때때로 반려동물의 죽음은 우리가 예기치 않았던 순간에 어떤 사고로 인해서 발생할 수도 있습니다. 이런 사별 경험은 개인의 존재를 위협할 수 있는 외상적 사건을 경험하거나 목격하면 나타나는 외상 후 스트레스장애(PTSD)라고 부르는 정신 건강 문제로 이어질 수 있습니다.

PTSD를 일으킬 수 있는 외상적 상실에는 여러 가지 이유가 존재하지만, 가장 흔히 일어나는 것은 반려견의 교통사고입니다. 눈앞에서 반려견이 사고를 당하는 장면을 목격하면, 반려인은 우리가 '트라우마'라고 부르는 심리적 외상을 입을 수 있습니다. 그뿐만 아니라 누군가가 집 안에서든 밖에서든 반려동물을 학대하여 잔인하게 살해하는 일도 있습니다.

이런 경우, 반려인이 반려동물의 죽음을 목격하지는 않았더라도 반려동물이 얼마나 끔찍한 고통 속에서 떠나갔을지를 떠올리면서 혹은 반려동물의 시신을 목격하면서 심리적 외상을 입기도 합니다. 자신에게 중요한 대상이 외상적 사건을 겪었음을 '알게 되는' 것만으로도 PTSD는 발생할 수 있습니다.

실제로 제 상담실에 찾아오는 반려인들 중 많은 수가 공황장애 증상을 호소합니다. 제 이야기를 들으며 '나와 너무 비슷한데 나도 혹시 우울증인가?'라고 생각할 수 있습니다. 그 생각이 맞을 수도 있지만 '내가 우울증인가 아닌가'에 얽매이지 않기 바랍니다. 우리에게 어떤 증상이 있으며, 그것을 극복하기 위해서 취해야 할 행동이 무엇인가를 아는 것이 중요합니다.

만약 당신이 민아 씨와 비슷한 경험을 했고 유사한 증상을 겪고 있다면, 이는 단순한 펫로스 증후군이 아닌 더 심각한 상태임을 보여주는 신호일 수도 있습니다. 그리고 우리가 나와 주변 사람들에게서 나타나는 이러한 신호들을 무시한다면 고통스러운 결과가 뒤따를 것입니다. 그러니 그 신호들을 정확하게 인지하고 주변에 도움을 요청하거나 정확한 상담과 치료를 받아야 함을 잊지 말아야 합니다.

# 펫로스 증후군에 관한
# 10가지 오해

"제가 너무 힘들어하니 주변에서 미미와 닮은 아이를
입양하길 권해요. 미미를 배신하는 것 같기도 하고,
언젠가 또 헤어지겠지 생각하면 엄두가 나질 않는데
어떤 게 도움이 될까요?"

반려동물이 떠난 후에 드는 상실감과 공허감은 이루 말하기
힘들 만큼 고통스러운 감정입니다. 저도 반려견 다롱이를 떠나
보낸 뒤에 오랫동안 그 빈자리 때문에 힘든 시간을 보냈습니다.
다롱이는 항상 저에게 자기 몸을 기대어 쉬었고, 부르면 언제라
도 달려와줬습니다. 제 곁에서 잠들고, 깨어날 때는 제 볼을 핥
아주곤 했지요. 하루아침에 이러한 존재가 사라졌으니 그야말

로 삶이 텅 비어버린 느낌이 들 수밖에요. 좀처럼 감정 표현을 하지 않는 저희 아버지도 허전함을 견디기 힘들었다고 말씀하실 정도였으니까요.

이렇게 텅 비어버린 느낌이 들고 고통스러운 시간을 견딜 수 없어질 때 '새로운 반려동물을 데려오면 괜찮아질까?' 하는 생각이 먼저 드는 건 아주 자연스러운 일입니다. 이상한 일도 아니고, 죄책감을 느낄 필요도 없습니다. 다만, 새로운 가족을 맞이하는 일에는 충분하고 깊이 있는 고민이 필요합니다. 본인이 새로운 가족을 맞이할 준비가 되었는지를 숙려해야 합니다. 새로 데려올 반려동물을 떠난 반려동물의 대체물이 아닌, 완전히 새로운 존재로 받아들여야 한다는 점이 중요하죠.

## 지극히 정상적인 고민이지만

○

새로운 반려동물을 언제 데려올 것인지는 전적으로 반려인이 결정할 문제입니다. 어쩌면 비슷한 생김새, 비슷한 성격의 반려동물을 데려올 수도 있겠죠. 때로는 뜻깊은 일에 동참하고자 길에서 구조한 동물이나 파양 당한 동물을 새로운 식구로 맞이하는 사람도 있습니다. 그런데 이렇게 새로운 반려동물을 데려오는 것이 과연 현명한 선택일까요?

새로운 반려동물을 식구로 맞이하는 일은 자녀 계획을 세우는 것처럼 신중하게 이루어져야 합니다. 그 결과가 좋지 않을 때, 반려인과 반려동물이 받는 상처가 그만큼 크기 때문이죠. 심사숙고하는 과정이 꼭 필요하고, 현실적인 문제도 고려해야 합니다.

새로운 반려동물을 데려오기 위한 적절한 시기를 고려하는 중이라면 다음 질문에 답해보기를 바랍니다.

| 질문 | 예 | 아니오 |
|---|---|---|
| 다소 빠르게 내린 결정인가요? | | |
| 새로운 반려동물을 사별한 반려동물의 대체물처럼 느끼나요? | | |
| 새로운 반려동물이 사별한 반려동물과 비슷할 것이라고 기대하나요? | | |
| 다른 가족(동거인)들도 새로운 반려동물을 맞이하길 바라고 있나요? | | |
| 새로운 반려동물이 왔을 때, 스트레스를 받을 수 있는 다른 동물이 집에 있나요? | | |

이 항목은 지금 자신이 새로운 반려동물과 만날 준비가 되어 있는지 점검하기 위한 내용입니다. 만약 위의 질문들에 대부분 '네'라고 대답했다면, 그것은 아직 준비가 부족한 상태라는 말입니다. 치유를 위한 시간이 더 많이 필요하다는 의미일 수도 있고요.

결정은 심사숙고하여 천천히 이루어져야 합니다. 새로 반려동물을 입양한다면, 그 아이는 떠난 반려동물의 대체물이 아닌 완전히 다른 새로운 존재로 받아들여져야 합니다. 떠난 반려동물과 비슷하게 행동하거나 특히 나에게 친근하게 대해주길 기대하지는 말아야 하고요.

동거 중인 다른 구성원들도 새로운 반려동물의 입양에 찬성해야 하고, 이미 같이 사는 동물들에게도 적응의 시간을 주어야 합니다. 특히 동물들은 함께 살던 친구가 떠난 상황에 적응하기도 전에 새로운 동물과 마주하면 더 큰 스트레스를 느낄 수 있습니다.

사별한 반려동물을 애도하며 기억을 온전히 간직할 수 있을 때, 비로소 또 다른 반려동물을 새로운 가족으로 맞이할 수 있을 것입니다.

# 펫로스 증후군에 관한 오해와 진실

○

새 반려동물을 데리고 오면 펫로스 극복에 무조건 도움이 될 거라는 믿음처럼, 펫로스 증후군에 관한 몇 가지 오해가 있습니다. 이러한 오해는 우리가 흔히 잘못 알고 있기도 하지만 사회적 인식 부족에서 생기기도 합니다. 반려인뿐만 아니라 비(非)반려인도 이러한 오해가 사실이 아니라는 점을 알고 펫로스를 경험한 반려인과 더욱 올바르고 건강하게 이야기를 나눌 수 있으면 좋겠습니다.

오해 1. 반려동물과의 사별로 과도한 고통을 호소하는 사람들은 대개 비정상이다.

그렇지 않습니다. 반려동물의 사별로 고통스러운 감정을 느끼는 것은 지극히 일반적이고 정상적인 일입니다. 그 정도가 너무 극심하여 개인의 일상이나 대인 관계를 파괴하지 않는다면 말이죠. 사별로 강렬한 감정을 경험한다는 것은 그만큼 대상과 친밀한 애착 그리고 깊은 감정적 유대감을 가졌다는 말이기 때문입니다. 이러한 감정은 감추고 억누를 것이 아니라, 오히려 드러내야 합니다.

오해 2. 반려동물과의 사별은 사람과의 사별만큼 중요하지 않으며, 인간의 존엄성을 해친다.

정서적 교류나 유대감이 부족한 사람과의 사별이 함께 살던 반려동물의 사별보다 오히려 덜 고통스러울 수 있습니다. 인간은 같은 인간을 사랑하기도 하지만 동식물을 비롯한 우주 만물을 사랑할 수도 있습니다. 반려동물과의 사별은 사람과의 사별과 똑같이 존중받아야 하며, 어느 하나가 상승할 때 다른 하나가 하강하는 개념이 아닙니다.

오해 3. 반려동물 사별은 혼자 애도해야 한다.

때때로 반려인들은 독립적이고 강해 보이려고 애씁니다. 타인에게 부담을 주지 않으려고 혼자서 사별의 슬픔을 감당하려고 하죠. 그러나 주변인들의 공감, 배려, 이해는 반려인에게 큰 도움을 줄 수 있으며 반려인이 외로움을 견디게 하는 힘이 되어 줍니다.

오해 4. 애도가 끝나고 나면 반려동물과의 즐거운 추억만이 남을 것이다.

계속해서 애도하다보면 언젠가 즐거운 추억만 남을 거라는 믿음은 조금 비현실적입니다. 즐거운 추억만 남겨두는 것은 일방적인 일입니다. 또 균형 잡힌 관점에서 벗어난, 건강하지 않은 목표고요. 부정적인 기억과 마주할 수 없다면, 긍정적인 기억 또한 온전히 감사하게 여길 수 없습니다.

오해 5. 안락사를 시키는 것은 이기적이다.

안락사는 질병을 앓는 반려동물의 극심한 고통을 덜어주고, 황폐해진 삶의 질을 개선해줄 수 있는 자비롭고 도덕적인 방법이기도 합니다. 물론 부도덕한 안락사와 관련된 사건들이 일어나기도 합니다. 하지만 회복할 수 없는 심각한 병에 걸리거나 상처를 입은 동물의 고통을 무조건 연장하는 것은 진정으로 그들을 위한 일이 아닐 수 있습니다. 반려인은 스스로 이런 질문을 던져보아야 합니다. 내 욕심으로 반려동물을 고통 속에 가둬두는 건 아닐까? 안락사 반대는 누구를 위한 것이고, 누구에게 최선인 것일까? 반려동물? 아니면 나?

오해 6. 펫로스의 고통을 피하기 위한 가장 좋은 방법은 그에 관해 생각하지 않고 억누르는 것이다.

감정과 생각은 마치 에너지와 같아서 적절하게 소모하지 않으면 절대 사라지지 않습니다. 바쁘게 지내며 잊어버린 척할 때 사별에 대한 감정과 생각은 잠깐 사라질 수 있습니다. 하지만 눌러놓은 스프링처럼 언젠가 다시 튀어 오르게 됩니다.

오해 7. '시간이 약이다'라는 말처럼 충분한 시간을 두면 기분은 저절로 회복될 것이다.

시간은 모든 상처를 치유해주지만, 그만큼의 인내가 필요합니다. 그리고 때로는 시간이 모든 걸 해결해준 것처럼 보여도 그렇지 않은 경우도 있습니다. 단지 무의식 아래 가라앉혀 놓았을 뿐일 수도 있죠. 어떤 반려인들은 2개월 만에 상처를 회복하기도 하지만, 어떤 반려인들은 1년이 넘는 시간 동안 힘들어하기도 합니다. 일상생활에 지장을 주거나 1년이 넘는 시간 동안 슬픔에 잠겨 있는 상태라면, 시간이 치유해주기만을 기다리지 말고 도움을 청해야 합니다.

오해 8. 아이들은 쉽게 사별의 고통을 털어낼 수 있다.

아이가 어른처럼 명확하게 말로 표현하지 않는다고 해서 상처를 입지 않은 것은 아닙니다. 반려동물의 죽음은 아이가 처음으로 경험하는 중요한 사별 경험인 경우가 많지요. 이 상실의 파급력과 주변 어른들이 그것을 알려주는 방법은 이후에 아이의 삶에 큰 영향을 미칠 수도 있습니다.

오해 9. 반려동물의 죽음으로부터 아이의 마음을 보호하기 위해 거짓말을 하는 것이 좋다.

어떤 반려인들은 아이들이 받을 충격을 걱정하여 반려동물의 죽음을 알리지 않기도 합니다. 흔히 아이에게 반려동물이 멀리 가버렸다거나 도망쳤다고 이야기하죠. 하지만 이러한 행동은 부모와 아이 사이의 신뢰 관계를 깨뜨리기도 하며, 오히려 아이들을 더 힘들게 만들 수도 있습니다. 예를 들어, 반려동물이 멀리 가버렸다는 말을 들었을 때, 아이는 "나 때문에 반려동물이 멀리 가버렸다"라고 자신을 탓할 수도 있습니다.

오해 10. 반려동물은 다른 반려동물을 애도하지 않는다.

일부 반려동물은 다른 반려동물 친구와 강한 유대감을 형성합니다. 때문에 사별 후, 식욕 저하, 친구를 찾는 행동, 무기력감과 같은 애도 증상을 보일 수 있습니다. 남겨진 반려동물들을 잘 살펴보고 그들에게도 신경을 써줄 필요가 있습니다.

나의 우울감 척도검사

우울감 척도검사(CES-D)를 활용해 매주 자신의 우울 점수를 기록합
니다.

이는 내 우울 증상들이 어떻게 변화해가는지를 보여주며, 특히 내가
점차 펫로스 증후군을 극복해나가고 있다는 것을 보여주는 지표가 될
수도 있습니다.

때로는 점수가 올라갈 수도 있지만, 이것은 어떤 점진적인 변화의 한
부분을 의미할 수도 있습니다. 다만, 21점을 넘는 수치는 '우울 위험
군' 상태에 있음을 의미하며, 지나치게 높은 점수를 받거나 높은 점수
에서 증상들이 지속되고 있다면, 전문가의 도움이 필요하다는 신호로
받아들여야 합니다.

### 1 우울감 척도검사

아래에 적혀 있는 문항을 잘 읽고, 지난 1주 동안 당신이 느끼고 행동한 것을 가
장 잘 나타낸다고 생각되는 숫자에 O표 하기 바랍니다.

| 나는 지난 1주 동안…… | 극히<br>드물게<br>(1일 이하) | 가끔<br>(1~2일) | 자주<br>(3~4일) | 거의<br>대부분<br>(5~7일) |
|---|---|---|---|---|
| 1. 평소에는 아무렇지도 않던 일들이 귀찮게 느껴졌다. | 0 | 1 | 2 | 3 |

| | | | | |
|---|---|---|---|---|
| 2. 먹고 싶지 않았다. 입맛이 없었다. | 0 | 1 | 2 | 3 |
| 3. 가족이나 친구가 도와주더라도 울적한 기분을 떨쳐버릴 수 없었다. | 0 | 1 | 2 | 3 |
| 4. 다른 사람들만큼 능력이 있다고 느껴졌다. | 3 | 2 | 1 | 0 |
| 5. 무슨 일을 하든 정신을 집중하기가 힘들었다. | 0 | 1 | 2 | 3 |
| 6. 우울했다. | 0 | 1 | 2 | 3 |
| 7. 하는 일마다 힘들게 느껴졌다. | 0 | 1 | 2 | 3 |
| 8. 미래에 대하여 희망적으로 느꼈다. | 3 | 2 | 1 | 0 |
| 9. 내 인생은 실패작이라는 생각이 들었다. | 0 | 1 | 2 | 3 |
| 10. 두려움을 느꼈다. | 0 | 1 | 2 | 3 |
| 11. 잠을 설쳤다. 잠을 잘 이루지 못했다. | 0 | 1 | 2 | 3 |
| 12. 행복했다. | 3 | 2 | 1 | 0 |

| | | | | |
|---|---|---|---|---|
| 13. 평소보다 말을 적게 했다. 말수가 줄었다. | 0 | 1 | 2 | 3 |
| 14. 세상에 홀로 있는 듯한 외로움을 느꼈다. | 0 | 1 | 2 | 3 |
| 15. 사람들이 나에게 차갑게 대하는 것 같았다. | 0 | 1 | 2 | 3 |
| 16. 생활이 즐거웠다. | 3 | 2 | 1 | 0 |
| 17. 갑자기 울음이 나왔다. | 0 | 1 | 2 | 3 |
| 18. 슬픔을 느꼈다. | 0 | 1 | 2 | 3 |
| 19. 사람들이 나를 싫어하는 것 같았다. | 0 | 1 | 2 | 3 |
| 20. 도무지 무엇을 시작할 기운이 나지 않았다. | 0 | 1 | 2 | 3 |

[참고문헌] 조맹제, 김계희(1993). 주요우울증 환자 예비평가에서 The Center for Epidemiologic Studies Depression Scale(CES-D)의 진단적 타당성 연구. 신경정신의학, 32, 381-399.

## ❷ 주차별 변화 그래프

매주 우울 점수를 기록한 뒤 자신의 변화 상태를 체크해보세요.

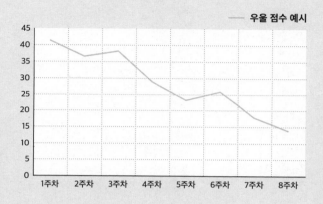

— 우울 점수 예시

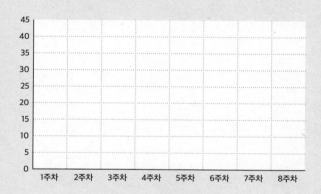

# 너무 보고 싶어요

## : 애도의 4단계

### 상담 노트 #2

| | |
|---|---|
| **내담자** | 이지운(남, 34) |
| **반려동물** | 밀키(몰티즈, 수컷, 17살) |
| **특이사항** | 2주 전, 친구를 만나러 간 사이 펫로스를 겪으며 죄책감에 사로잡혀 밀키의 흔적을 정리하지 못하고 있음 |

# 나쁜 꿈을
# 꾸는 것 같아요

## : 1단계 인정하기

"현관문을 열 때마다 산책 나가자고 조르던 밀키의 모습이 떠오르고, 밀키가 낑낑거리는 소리도 들리는 것 같아요. 꿈에서 깨면 밀키가 다시 제 품에 파고들어 올 것 같아요."

펫로스는 가족을 잃은 것과 같습니다. 그러니 사별로 발생하는 문제는 적절한 애도 없이 절대로 해결되지 않습니다. 때로는 시간이 뭐든 해결해주는 것처럼 보이기도 하고, 바쁘게 지내며 잊고 살면 도움이 되는 듯 보이기도 하겠죠. 하지만 외면해온 죄책감이나 슬픔은 수면 아래에 머물러 있을 뿐, 언제든 다시 나타나 반려인을 괴롭힐 수 있습니다.

제가 상담했던 반려인 중에는 몇 개월간 반려동물을 떠나보낸 기억을 억지로 떠올리지 않으려고 노력했던 분들이 꽤 있었습니다. 이런 분들은 결국 더 깊은 마음의 병을 얻었습니다. 충분한 애도 과정을 겪었더라면 겪지 않아도 될 일이었죠.

## 애도 과정은 반드시 필요하다
○

펫로스 증후군을 극복하기 위해서는 반려동물을 애도하는 과정이 반드시 필요합니다. 애도에 대한 이론에 따르면, 애도는 다음의 네 단계를 거쳐 이루어져야 합니다. 단계 중 하나를 건너뛰어서는 안 되며 반드시 한 단계씩 밟아나가야 합니다.

첫 번째, 사별이라는 현실을 있는 그대로 받아들이는 단계입니다. 반려동물을 잃는다는 사실을 받아들이기란 매우 힘들겠지만, 이후의 애도 단계로 나아가기 위한 가장 중요한 단계입니다. 모든 애도 과정의 밑바탕이 되기 때문입니다.

두 번째 단계는 사별의 슬픔과 고통을 겪어내는 것입니다. 사별 이후, 반려인들은 다양한 감정을 경험합니다. 우울감과 죄책감뿐만 아니라 분노를 느끼기도 하며, 때로는 아무런 감정을 느끼지 못하기도 합니다. 이러한 감정들은 해소되지 않으면 계속 남아 반려인을 괴롭힐 수 있습니다. 반드시 적절하게 해소해주어야 합니다.

세 번째는 반려동물을 잃은 상황에 적응하는 단계입니다. 이 단계에서 반려인은 예전 모습을 되찾아가기 시작합니다. 여기서 말하는 적응은 일상으로 돌아가는 현실적인 적응뿐만 아니라, 사별 이후 내 삶과 자신이 어떻게 변화했는지 알아보는 정신적인 적응도 포함됩니다.

네 번째는 사별한 반려동물을 내 마음과 삶 속에 다시 받아들이는 것입니다. 사별한 반려동물에 대한 기억은 언제든지 다시 우리를 찾아옵니다. 그들의 모든 것을 잊을 수는 없으니까요. 그때 우리가 그들을 어떻게 기억하고 추억할지를 정리하는 과정이 필요합니다.

## 나의 OOO는 세상을 떠났다
○

펫로스 애도의 첫 번째 단계는 '펫로스 사실의 수용'이라 말씀드렸습니다.

반려인들은 대부분 사별 초기에 반려동물의 죽음을 받아들이는 데 어려움을 겪습니다. 어떤 반려인은 집에 들어오면 반려동물의 이름을 부르며 망연자실한 채로 우울해합니다. 어떤 반려인은 반려동물의 유골함이나 유골로 만든 보석을 들고 다니며 말을 걸면서 마치 반려동물이 다른 형태로 남아 자신과 쭉 함께하고 있다는 느낌을 받고 싶어 하고요. 그리고 어떤 경우에는 "우리 집 강아지는 잠깐 여행을 떠나 있는 것뿐이야"라는 말로 자신을 안심시키기도 하죠.

이런 행동은 조금 과도하게 보일 수도 있지만, 사별 초기에 현실을 수용하기 힘들어하기 때문에 일어나는 자연스러운 현상입니다. 하지만 이런 상태가 2개월 이상 이어진다면 애도의 첫 단계를 벗어나기 힘들다는 신호일 수 있습니다.

일반적으로 고통스럽거나 혼란스러운 감정은 2개월 정도 지나면서 차츰 나아진다고 알려져 있기 때문입니다. 펫로스가 일어났음을 받아들이지 못하고 있다는 신호는 주로 '완곡한 표현'으로 드러납니다. 흔히 '여행을 떠났다', '소풍을 떠났다'라는 말로 죽음을 표현하지요. 이러한 표현은 자칫 반려인이 사별 현실을 받아들이기 어렵게 만듭니다.

# 애도 글쓰기

○

저는 사별 현실을 받아들이기 힘들어하는 반려인에게 가장 먼저 글쓰기를 권합니다. 글쓰기를 어렵게 여길 필요는 없습니다. 편지나 수필, 시 등 어떤 형식이라도 좋습니다. 다만, 글의 첫 문장은 다음과 같아야 합니다.

나의 OOO는 세상을 떠났다.
우리 OOO는 무지개 다리를 건너갔다.

이 문장은 '죽었다'라는 말보다는 완곡하지만, '소풍을 떠났다' 혹은 '여행을 떠났다'보다는 훨씬 단정적이며 사별을 분명히 선언하는 표현입니다. '무지개 다리'라는 표현이 사별 현실을 받아들이는 데 방해가 된다고 느껴진다면, 저는 차라리 '세상을 떠났다'라는 표현을 쓰자고 권하고 싶습니다.

첫 문장은 앞으로 적어나갈 글이 어떤 방향으로 가야 할지 알려주는 중요한 문장입니다. 힘들겠지만 첫 문장을 적었다면, 이제 사별에 대한 내용과 나의 생각 그리고 감정을 정리해 덧붙여 써봅니다.

사별이 언제, 어떻게, 무슨 이유로 일어났는지를 먼저 적어보세요. 어떤 반려동물이 나이가 들어서 세상을 떠났다면, 어떤 반려동물은 사고로 인해서 떠났을 수 있습니다. 되도록 자세히 적으면서 그때의 상황을 정리해보는 것이 좋습니다. 단, 그 생각이 스스로를 너무 고통스럽게 만들거나, 아무 생각도 떠오르지 않는다면 무리하지 말고 쓸 수 있는 만큼만 쓰면 됩니다. 얼마나 많이 적느냐보다 나의 생각과 감정을 정리하는 과정이 중요합니다.

　사별 당시 머릿속에 떠올랐던 생각, 지금 글을 쓰며 떠오르는 생각과 감정을 적어보세요. 쓰기 작업은 현재 내가 어떤 상태인지를 알려주는 동시에 내 생각과 감정이 어떻게 변화했는지를 보여줍니다.

　어떤 반려인들은 사별 직후의 마음이 찢기는 듯한 고통이 글을 쓰고 있는 동안만큼은 조금 덜해졌다는 사실을 깨닫기도 합니다. 이렇게 아픔이 조금 덜해지는 경험은 지금의 고통스러운 순간도 언젠가는 끝날 수 있다는 작은 희망을 주지요. 고통이 끝나지는 않더라도 내가 견딜 만한 정도로 줄어들 수 있다는 희망을 가질 수 있을 겁니다. 이러한 희망은 반려인에게는 큰 위안이 됩니다.

다음은 초코를 떠나보낸 내담자가 써본 애도 글쓰기입니다.
초코가 '세상을 떠났다'고 사별을 분명히 선언하며 시작합니다.


초코가 세상을 떠났다. 2022년 12월 3일, 겨울이 시작되는 날.
초코가 내게 왔던 날도 이런 겨울이었다.

눈이 점점 안 보이게 되고, 귀도 멀어가고, 그렇게 나이를 먹어
가던 초코. 성한 곳보다 아픈 곳이 많았던 초코. 네가 아파하고
있다는 것을 내가 더 빨리 알아차렸어야 했는데.

너무나도 고통스러워하는 초코를 계속 잡아두는 건 내 이기적인
욕심이었다. 그걸 알면서도 안락사를 결정하기란 쉽지 않았다.
나는 수의사 선생님의 이야기를 받아들일 수 없었다.

사람이라면 어디가 아프다, 도와달라고 말이라도 할 텐데, 그저
홀로 아픔을 감당하고 있는 모습이 너무 안타까웠다. 그렇게 아
파하는 초코를 위해 내가 해줄 수 있는 게 아무것도 없다니, 무
력감을 느꼈다. 그래서 더 눈앞의 현실을 피하려고 했는지도 모
른다.

'이제는 편해졌겠지' 하면서도 정말 그게 잘한 일인지 지금도 모
르겠다. '초코는 나와 좀 더 함께하고 싶지는 않았을까?' 이런 생
각이 나를 더 힘들게 한다.

펫로스에 대한 당신의 첫 번째 글을 완성하고 천천히 소리 내어 다시 읽어보세요. 때로는 눈물이 날 수도 있고, 때로는 도저히 읽어나가기 힘들 만큼 고통스러울 수도 있습니다. 하지만 이러한 작업은 사별 현실을 온전하게 받아들이는 데 도움이 됩니다. 애도의 두 번째 단계인 사별에 대한 감정을 불러일으키고 온전히 겪어나가는 데에도 도움이 될 거고요.

## 죽음은 끝이 아닌 시작
○

상담을 하다보면 종종 죽음 자체를 받아들이기 힘들어하는 분들을 만납니다. 죽음이라는 단어를 떠올리는 것 자체만으로도 펫로스와 관련된 감정들이 떠올라 고통스러워하죠.

사실 누구라도 열린 마음으로 죽음을 받아들이기란 힘들 것입니다. 하지만 우리는 반려동물의 죽음을 받아들이고자 노력하고 있으니, 조금은 유연하게 이 문제를 생각해볼 필요가 있습니다. 그렇다고 아무 근거나 설명 없이 "이제 반려동물의 죽음을 인정하세요"라고 무책임하고 가혹하게 말하고 싶지 않습니다.

사람들이 죽음을 인정하고 수용하기 힘들어하는 이유는 어쩌면 죽음이 가지는 부정적인 상징성 때문일 것입니다. 죽음은 생명의 활동을 멈추게 하고, 육신을 부패시켜 예전의 모습을 잃게 합니다. 살아남은 자들이 그리움과 슬픔, 죄책감으로 고통스러운 시간을 보내게 합니다.

죽음 뒤에 어떤 것이 있을지는 아무도 모릅니다. 죽음은 '끝'이라 여겨져왔으며, 어둠으로 표현돼왔습니다. 저승사자들은 하나같이 무시무시한 모습으로 나타나곤 하죠. 죽음은 부정적인 상징으로 인간의 머릿속에 각인돼왔습니다. 종교를 통해 인간이 극복하고자 하는 두려움도 바로 죽음에 대한 공포가 가장 크지 않을까 싶습니다.

하지만 죽음은 때로는 '끝'이 아닌 '시작'이기도 합니다. 종교인들에게 죽음은 영적인 세계로의 첫걸음이며, 때로 죽음은 고통에서 해방되어 정신과 육체의 평화를 찾는 방법이 되곤 합니다. 상담실을 찾아온 반려인들은 병으로 인해 고통 받던 반려동물의 죽음에 대해 "이제 더 이상 아프지 않을 수 있다는 게 다행이다", "죽기 전까지 병마와 싸우며 힘든 시간을 보냈지만, 마지막에 잠든 모습은 평온해 보였다"라고 말하곤 합니다.

'죽음이 반려동물의 삶을 빼앗아 갔지만, 반려동물의 고통과 슬픔도 함께 가져갔다'라는 사실은 나에게 어떤 의미로 다가오는지 생각해보세요. 죽음은 신이 반려동물에게 내린 마지막 자비일 수 있습니다.

## 애도의 목적은 무엇일까

○

펫로스 애도 과정에서는 애도의 목적 또한 중요합니다.

가끔 애도의 목적에 대해서 오해하는 경우들이 있습니다. 예를 들자면 '더 이상 생각나지 않게 하기 위해서 애도한다', '생각이 나더라도 괴로워지지 않기 위해 애도한다', '반려동물에 대해 즐거운 기억만 떠오르게 하기 위해 애도한다'와 같은 것들이지요.

단장지애(斷腸之哀)라는 말이 있습니다. 부모가 자식을 잃었을 때는, 자신의 창자가 끊어진 것 같은 고통스러운 슬픔을 겪는다는 말입니다. 이러한 슬픔은 절대로 사라질 수 없고, 그렇기에 더 이상 생각나지 않게 되거나 혹은 떠올랐을 때 전혀 괴로워지지 않게 되는 것은 불가능한 일에 가깝습니다.

그렇다면 애도 방법을 배우고 하나씩 실천해나갔을 때 종착

지에서 우리가 얻고자 하는 것은 무엇이 되어야 할까요? 애도의 목적은 사별한 반려동물을 잊거나, 즐거운 기억만 남기거나, 펫로스를 전혀 고통스럽지 않게 만드는 것이 아닙니다. 애도 과정은 펫로스를 있는 그대로 받아들이고, 억누르고 피하려던 감정들과 마주하고, 한편으로는 무너진 일상을 조금씩 회복하고, 그들과 새로운 관계를 맺으며 앞으로의 삶을 그려보는 것이어야 합니다.

펫로스 상담 그리고 애도의 목표는 반려동물에 대한 기억과 펫로스에 대한 부정적인 감정을 사라지게 만드는 것으로 설정되어서는 안 됩니다. 애도의 목적은 우리가 그것을 진실하게 수용하고, 동시에 반려동물을 온전히 기억하며 살아갈 수 있도록 돕는 것입니다.

# 슬프고, 미안하고,
# 때로는 분노한다
## : 2단계 감정 직면하기

"밀키가 떠나던 날, 친구가 근처라고 잠깐 보자고 해
서 혼자 뒀어요. 저 때문에 밀키가 떠나갔다는 생각
에 죄책감이 들고, 저를 불러낸 친구에게 화가 나서
참을 수가 없습니다."

반려동물이 떠나고 나면 우리는 매우 고통스러운 감정과 마
주합니다. 때로는 이러한 감정들이 너무도 고통스러워 직접 마
주하기 힘들 수도 있지요. 특히 펫로스가 일어난 지 얼마 되지
않았을 때는 고통이 더욱 극심하며, 관련된 감정들을 회피하려
는 욕구도 그만큼 클 것입니다.

때로는 학업 때문에, 업무 때문에, 자녀들을 돌봐야 해서 이

러한 감정들을 들여다볼 시간이 부족할 수도 있습니다. 혹은 주변 사람들이 나의 감정 때문에 힘들어할까봐 걱정해서 그런 생각을 드러내지 않으려고 합니다. 감정이 생기는 것 자체가 아주 자연스러운 일임에도 불구하고요.

## 잊었다고 생각했는데
○

감정이 생기는 건 당연하지만, 시간이 지난다고 해서 저절로 해소되지는 않습니다. 감정은 에너지와 같아서, 외부로 적절하게 분출하지 않으면 시간이 지나도 사라지지 않은 채 남아 있을 수 있습니다.

스프링처럼 꾹 눌린 감정은 언제든지 다시 의식의 수면 위로 올라올 준비를 하고 있으며, 특히 다른 스트레스로 취약해져 있을 때 또다시 나타나 반려인을 괴롭히지요. 불안정한 상황에서 이런 감정들이 올라온다면, 눌렸던 스프링이 정해진 방향 없이 튀어 오르듯 어떤 결과를 초래할지 모릅니다.

반려동물을 떠나보낸 뒤에 반려인들이 경험하는 감정의 변화는 매우 다양하고 때로는 복잡합니다. 때때로 반려인들은 그런 자신의 감정이 정상적인지 의심하기도 하지요. 펫로스 후에 어떤 감정이 나타나고 어떻게 변하는지 살펴보겠습니다.

## 감정의 7단계 변화

○

첫 번째 단계는 '충격과 부정'입니다.

보통 펫로스 직후에 많이 일어나는 감정이지요. 상실은 우리의 정신과 신체에 큰 스트레스를 줍니다. 사별을 현실로 받아들이지 않고, '이게 꿈은 아닐까' 여기기도 하죠.

부정은 고통을 피하기 위해 자발적으로 일어나는, 스스로를 보호하기 위한 방어막입니다. 어쩌면 우리 뇌가 스스로를 보호하기 위해 어떤 감정도 생각도 들지 않는 멍한 상태를 만드는 것일지도 모르겠습니다.

두 번째 단계는 '고통과 죄책감'입니다.

충격과 부정이 지나가면 펫로스가 점차 현실로 다가오면서, 가슴이 찢어지는 듯한 고통을 느낍니다. 제 상담실에 찾아오는 반려인들은 이 상태인 경우가 많습니다. 특히 죄책감은 우리의 마음을 더 아프게 헤집어놓지요.

마치 펫로스라는 사건이 반려인에게 죄책감이라는 색안경을 씌운 것처럼, 이 상태에서 반려인은 반려동물에게 잘해주지 못했던 것만 보게 되고 후회와 죄책감에 빠지곤 합니다.

하지만 이 또한 사별 이후에 경험할 수 있는 정상적인 감정입니다. 우리는 이러한 마음을 회피하지 않고자 노력해야 합니다.

세 번째 단계는 '분노와 타협'입니다.

펫로스라는 좌절 경험은 반려인에게 분노감을 일으킬 수 있습니다. 상실의 원인이 되는 가족 구성원이나 지인, 혹은 동물병원 관계자에게 분노를 표현하게 되죠.

상담실에 찾아와 "펫로스 이후에 분노를 느끼는 것도 정상인가요?"라고 질문하는 분들이 있습니다. 제 대답은 "네"입니다. 우리는 흔히 '분노'를 나쁜 감정이며 가져서는 안 되는 감정인 양 배웁니다. 하지만 분노감은 우리가 가진 공동체나 나 자신의 생명을 지키기 위해서 반드시 필요한 감정이고, 그렇기에 인간이 진화해오며 지금까지도 자연스럽게 가지고 있는 것이지요. 다만, 분노감을 공격적으로 표현하는 것은 반려인의 소중한 대인 관계를 망가트릴 수도 있기에 이를 조절하고 적절한 방식으로 의사와 감정을 표현하기 위해 노력해야 합니다.

'타협'은 반려동물의 죽음을 우리가 받아들일 수 있도록 도와주는 과정입니다. 내면에서 자연스럽게 발생하기도 하고 주변에서 이야기를 하며 일어나기도 합니다. 제가 했던 타협점은 '우리 다롱이는 11년이라는 짧은 시간을 살다 떠났지만, 나이가 들면서 흔히 겪는 고통들은 겪지 않아도 되었잖아?'였습니다. 자칫 합리화처럼 보일 수도 있겠지만, 이것은 명백한 사실이었기 때문에, 이를 받아들이고 점차 인정해갈 수 있었지요.


네 번째 단계는 '우울, 숙고, 외로움'입니다.

이 상태에서 반려인은 해결될 수 없는 그리움을 경험합니다. 사랑하는 반려동물을 두 번 다시 볼 수 없고, 만질 수 없고, 그들이 내는 소리를 들을 수 없다는 현실을 더더욱 뼈저리게 느끼지요. 자신이 했던 혹은 하지 않았던 행동을 계속해서 되뇌며 스스로를 괴롭히기도 하고, 때로는 공허감이나 절망감에 빠지고 맙니다.

이 시기에는 주변인들의 지지와 위로가 필요합니다. 하지만 정작 반려인은 주변의 어떤 위로도 도움이 되지 않는다고 느끼거나 때로는 적절하지 못한 위로에 상처받기도 하지요. 물론 이러한 우울감 또한 정상적인 감정일 수 있으나, 때로는 심각한 우울증의 신호일 수도 있습니다. 우울감, 무기력감, 불면증과 같은 증상들이 일주일 이상 지속되는 경우라면 우울증을 의심해봐야만 합니다.

다섯 번째 단계는 '상승기'입니다.

반려인은 펫로스라는 상실 경험에서 조금씩 벗어나 일상으로 돌아오기 시작합니다. 예전보다 집중이 힘들거나 가끔씩 감정이 북받쳐 괴로울 수 있지만, 스스로 큰 문제가 없다고 느낄 만큼 컨디션이 회복됩니다. 반려인을 괴롭히던 스트레스성 두통이나 소화 불량도 차츰 가라앉고, 우울감도 상당히 줄어들지요. 대인 관계에도 조금씩 변화가 생겨날 수 있고, 가족이나 친구들을 만나는 스케줄을 다시 잡기도 하고, 온전히 즐겁지는 못하더라도 이전보다 조금 더 편안한 시간을 보내게 됩니다.

여섯 번째 단계는 '재구조화와 마무리'입니다.

반려인은 예전과 비슷한 삶으로 돌아오고 일상을 무리 없이 소화합니다. 물론 펫로스 이전의 삶과 이후의 삶이 완전히 같을 수는 없습니다. 다만 반려인은 상실 이후에 자신에게 어떤 변화가 일어났는지를 알아차리고, 반려동물이라는 존재를 이전과는 다른 방식으로 받아들일 수 있죠. 때로는 일종의 수호천사로, 때로는 어떤 기억과 감정의 집합체로, 또 계속해서 연결되어 있는 존재로 믿고 받아들이며 우리는 살아나갈 것입니다.

일곱 번째 단계는 '수용과 희망'입니다.
이때 반려인은 자신에게 일어난 현실을 온전히 수용하고 반려동물에 대한 기억과 감정을 다루는 방법을 깨칩니다. 가끔 반려인은 펫로스 이전의 아무런 걱정 없고 행복했던 시절로 돌아가지 못한다는 사실에 힘들어합니다. 하지만 이 단계에서 우리는 삶의 목표를 다시 설정하고 그것을 성취하기 위한 궤도에 올라설 수 있지요.

차이는 있지만 대부분의 반려인이 상실 이후에 이 7단계의 감정들을 경험합니다. 이러한 감정 상태의 변화는 순서대로 일어나지 않을 수도 있습니다. 어떤 이는 우울감을 먼저 경험하고 나중에 분노감을 느끼기도 하며, 어떤 이는 죄책감이 극심해지다가도 멍해지고 상실을 부정하는 상태를 보이기도 합니다.
자신의 감정이 지금 이야기한 상태와 유사하다면, 그것이 지극히 정상적인 반응이라는 점을 알면 좋겠습니다. 반려동물이 떠나기 전까지 그들을 보살폈던 당신은 이러한 감정을 느끼고 표현할 권리가 있습니다.

## 아무런 감정이 생기지 않는다면
○

펫로스로 인한 감정을 표현하기란 쉽지만은 않습니다. 그럴 때 저는 떠나간 반려동물에게 편지 쓰기를 권합니다. 편지를 쓰다보면 여러 가지 복잡한 상념과 감정이 올라오기 마련입니다. 스스로를 원망하기도 하고, 때로는 나를 이렇게 힘들게 하는 반려동물을 미워하기도 하죠. 눈물이 나기도 하고, 무슨 말을 어떻게 이어가야 할지 몰라 멈추기도 할 것입니다. 편지를 써보면 여러 생각과 감정이 정리되고 해소될 수 있습니다.

편지를 쓰는 것보다 중요한 건 쓴 편지를 천천히 다시 읽어보는 것입니다. 그 과정에서 스스로가 펫로스를 어떻게 느끼는지 살필 수 있고, 내가 앞으로 어떻게 살아가야 할지 고민할 수도 있습니다. 펫로스로 인해서 자신에게 일어난 변화를 알아차리고 '앞으로의 삶을 어떻게 살아갈 것인가'라는 질문에 대한 답을 얻을지도 모릅니다. 또 비슷한 경험을 한 사람들과 편지를 공유한다면 '세상에 이런 경험을 한 사람이 나 혼자가 아니구나' 라는 사실을 깨닫는 데 도움이 될 수도 있지요.

상담을 진행하다보면 간혹 "아무런 감정도 느껴지지 않을 때는 어떻게 해야 하나요?"라는 질문을 받는 경우가 있습니다. 펫로스에 대해서 별다른 감정이 느껴지지 않는다는 것이죠. 이런 분들은 반려동물의 병이나 펫로스가 일어난 날의 경과를 정서적 동요 없이 무미건조하게 이야기합니다.

이를 심리학 용어로 '주지화'라고 부릅니다. 펫로스 직후에 스트레스로부터 스스로를 지키기 위해 멍해지는 것처럼, 때때로 정서적 스트레스에 압도되지 않기 위해 무의식적으로 감정을 억누르는 것입니다. 겉으로 보았을 때는 별 문제 없는 듯 보이지만, 장기적으로 보았을 때 주지화는 감정을 해소하지 못하게 억누릅니다. 향후 더 위험한 감정의 폭발을 경험할 수도 있죠.

펫로스에 대한 감정을 좀처럼 느끼기 힘든 분들은 반려동물과 비슷한 촉감의 인형을 만져보며 반려동물과의 기억을 떠올려보면 좋겠습니다. 혹은 반려동물이 앉아 있던 방석, 가지고 놀았던 장난감, 좋아했던 공간 등을 바라보며 머릿속으로 반려동물의 모습을 자세히 떠올리며 이야기를 나누면 좋습니다. 냉혹한 사람이 된 것처럼 아무 감정도 느끼기 힘들다면, 이런 방법을 통해 감정을 표현하고 해소해주세요.

우리는 때로 어떤 감정을 마주할 때 자신이 완전히 무너질까 봐 두려워서 애써 그것을 멀리합니다. 하지만 실제로 그 감정들은 그렇게 위험하지 않으며, 오히려 이를 마주하고 힘들어하는 경험을 통해 자신이 그 감정과 함께 살아갈 수 있다는 사실을 배울 수 있을 것입니다.

해소되지 못한 감정들은 댐에 가두어둔 넘칠 듯한 물처럼, 위태롭게 남아 있을 수 있습니다. 그러다 감정의 수문이 열리면 고요한 마음에 크고 작은 파동이 일어날 것입니다. 다시 힘든 순간이 찾아오기도 합니다. 하지만 그때도 감정의 에너지를 수문을 따라 빠져나가게 한다면, 좀 더 안정적이고 평화로운 시기가 찾아올 것입니다.

# 일상의 빈자리

## : 3단계 적응하기

●
"밀키로 인해 몸에 밴 습관들이 저를 더 힘들게 합니다. 의자에서 일어서려고 할 때마다 아래를 확인하고, 현관 문을 나설 때마다 뒤를 돌아봅니다. 밀키의 흔적이 사라지지 않아요."

11년 동안 다롱이와 함께 살면서 저희 집에는 몇 가지 규칙이 생겼습니다.

배달 음식이 도착할 때면 가족 중 누군가가 다롱이를 데리고 피신했습니다. 다롱이는 초인종이 울림과 동시에 분노가 치솟는지 철천지원수를 본 것처럼 짖어대며 배달원을 물려고 했기 때문이죠. 또 다른 규칙은 화장실 바닥을 맨발로 밟지 않는 것입니다. 다롱이는 배변 패드를 사용하지 않고 화장실이나 베란다처럼 타일로 된 바닥에 대소변을 보았거든요.

하지만 다롱이가 떠난 후, 이런 규칙은 쓸모가 없어졌습니다. 배달 음식이 올 때마다 짖어대는 강아지도, 화장실 바닥의 소변 자국도 보이지 않았습니다. 하지만 몸에 밴 습관들은 그대로였습니다. 배달 음식이 올 때마다 긴장하며 무언가를 잡아야 할 것처럼 느꼈고, 화장실 바닥을 맨발로 밟는 것이 여전히 꺼려졌습니다. 그런 습관들이 다롱이를 떠올리게 했고, 저를 고통스럽게 만들었습니다.


## 어느새 몸에 배어버린 습관
○

상담실을 찾아오는 반려인들도 비슷한 고충을 토로합니다.

"산책하러 나갔던 시간만 되면 반려동물이 떠올라서 너무 힘들어요", "밥그릇, 물그릇이 있던 자리가 비어 있다는 게 고통스러워요", "아이가 앉아 있던 자리를 쳐다보지 못하겠어요", "매일 아침 약을 먹이려고 씨름하지 않아도 돼서 좋은데, 한편으로는 그조차도 너무 그립네요". 반려동물이 떠나면 일상은 하루아침에 달라져버립니다. 매일 산책을 나가지 않아도 되고, 끼니와 약을 챙겨 먹일 필요도 없으며, 반려동물을 씻길 일도 없습니다.

우리의 머리가 사랑스러운 녀석을 기억하듯이 몸도 아직 변화에 익숙해지지 못한 상태입니다. 우리는 몸에 배어 있는 크고 작은 습관들과 환경적인 변화에 적응해가야만 합니다. 반려동물에게 맞춰져 있던 하루하루의 스케줄도 다시 조정해야 하지요. 주말 아침에 조금 더 늦잠을 자거나, 산책을 위해서가 아니라 나의 건강을 위해 걷거나, 반려동물을 돌보기 위해 그만두어야 했던 공부를 다시 시작하는 등 말이죠.

이런 과정에서 "일상으로 돌아가는 것에 죄책감을 느낀다"라고 말하는 분들도 있습니다. 하지만 달라진 삶에 적응하는 것은 반려동물의 죽음을 가볍게 여겨서가 아닙니다. 사별과 관련한 감정을 빨리 잊고 즐거운 삶으로 돌아가기 위해서도 아니고요.

우리가 반려동물이 없는 현실에 적응해야 한다는 점이 중요합니다. 적응은 반려동물이 떠났다는 사실을 인정하고 충분한 애도의 감정을 겪어낸 뒤에 자연스럽게 일어나는 일입니다. 노력과 용기가 필요한 일이기도 하고요.

## 반려동물 물건 정리하기

○

우선은 일상생활에서 해야 할 일들을 쭉 적어보세요. 그 목록을 정리하는 것은 바뀌어버린 일상으로 다시 돌아가기 위한 효과적인 방법입니다. 집안일이 밀려 있을 수 있고, 미납된 공과금이 쌓여 있을 수도 있으며, 친구들과 약속을 잡고 취소하는 일들이 반복돼왔을 수도 있습니다.

그리고 해야 할 일들의 시급성과 중요성의 정도를 체크해보세요. 예를 들어, 봄에 입을 옷이 필요한데 근처 백화점에서 내일까지만 할인 행사를 한다면, 이는 시급하지만 중요한 일은 아닐 수 있습니다. 반면 당뇨 치료제가 2주일분이 남아 있어서 조만간 병원에 가야 한다면 이것은 중요한 일이지만 시급한 일은 아니지요. 이렇게 우선 해야 할 일의 목록을 순서대로 작성해두면 일상에 적응해가기 더 수월할 것입니다.

적응을 위해 정리해야 할 것은 스케줄만이 아닙니다. 반려동물 없는 삶에 적응하는 것을 방해하는 물건들도 정리하는 게 좋습니다.

간혹 반려동물의 물건을 정리하지 못한 채 어떻게 해야 할지 막막해하는 보호자들도 있습니다. 제 상담실을 찾아온 반려인들 중 몇 분은 작은 물건 하나조차 버리기를 두려워했죠.

물건을 정리할 때는 필요한 것과 그렇지 않은 것을 구분해야 합니다. 그 물건이 지니는 가치와 의미, 현실적으로 보관할 수 있을지의 문제를 고민하는 거죠. 예를 들어 반려묘가 좋아하던 작은 인형과 방석은 의미 있는 물건이고 반려묘를 추억하기 위해 보관할 필요가 있겠지만, 방 한편을 크게 차지하는 캣타워는 계속 집에 두기가 현실적으로 불편하고 어려울 것입니다. 필요한 누군가에게 기부하거나 저렴한 가격에 파는 것이 더 나을 수 있습니다.

이렇게 하나씩 정리하더라도 때로는 '왜 이러한 일이 나와 반려동물에게 일어난 것일까'라는 질문이 머릿속을 어지럽힙니다. 이따금 반려인들은 펫로스가 도대체 왜 일어난 것인지 그 해답을 찾기 위해 발버둥 치지요.

이런 질문들은 펫로스란 대체 무엇이며, 왜 내가 고통스러운지를 이해하게끔 도와줄 수 있습니다. 하지만 과거에서 벗어나지 못하고 얽매이게도 합니다. 그러나 중요한 것은 사별이 실제로 일어났으며, 우리의 몸이 변화된 환경에 적응해나가듯 우리의 마음 역시 적응하는 과정이 필요하다는 점입니다. 마음이 적응하려면 펫로스 이전의 나와 이후의 내가 어떻게 달라졌는지 떠올려봐야 합니다.

펫로스를 겪고 삶의 방식, 목표, 가치 등 다양한 영역에서 변화가 있을 수 있습니다. 펫로스 이전의 나는 '가치 지향적인 활동에 열심히 몰두하기도 했고, 타인과 사랑을 나누고 정서적으로 교류하는 것을 마다하지 않았던 사람'이었을 수 있습니다. 그런데 펫로스를 겪은 나는 '조금 더 생각이 많아졌고, 아무것도 하지 않고 앉아 있는 시간이 늘어났으며, 자주 눈물을 흘리는 사람'이 되었을 수 있죠. 이는 자연스러운 현상이지만 영원히 그런 모습이 지속되지는 않을 것입니다.

## "모든 게 제 탓 같아요"
○

상담실을 찾아온 분들 중에 "제가 반려동물을 죽게 만든 것이나 마찬가지라는 생각에서 벗어나기가 힘들어요"라고 어려움을 호소하는 반려인들이 많습니다.

펫로스가 자신의 탓이라는 생각 때문에 힘들다면, 과연 이 생각이 맞는지, 달리 생각할 수는 없는지에 대해 이야기해보는 게 좋습니다(이는 110~117쪽에서 더 자세히 살펴보겠습니다). 하지

만 이러한 작업이 좀처럼 쉽지 않을 수 있지요. 그래서 물리적
으로도 우울한 감정이나 무기력감에서 벗어나려는 노력이 필
요합니다. 가볍게 산책하거나, 맛있는 음식을 먹으러 다녀오거
나, 영화관에 가는 등 외부 활동을 해보세요.

밖으로 나가지 않더라도 좋아하는 음악을 집중해서 듣거나
평소 관심이 갔던 책을 읽는 것, 따뜻한 물로 목욕을 하는 것도
도움이 될 수 있고요.

제가 이런 활동을 권하면 이따금씩 반려동물을 떠나보내기
전에 계획했던 여행을 다녀와도 될지 묻는 반려인들이 있습니
다. 여행이란 대부분 즐거움과 행복을 얻기 위한 활동이니, 이
에 죄스러움을 느끼고 여행을 포기하려는 것이죠. 그럴 때마다
저는 이렇게 말씀드립니다.

"여행을 다녀오는 게 좋을 것 같습니다. 여행지에서도 반려
동물이 떠올라서 힘든 순간이 있겠지만, 그럴 때 떠오르는 생각
이나 감정을 정리해본 후 상담실로 가져오세요. 때로는 행복하
다거나 즐겁다는 느낌 때문에 반려동물에게 미안한 마음이 들
수도 있을 거예요. 여행하는 동안 그런 순간마다 느끼는 생각과
감정에 충실하면 좋겠습니다. 당신은 충분히 다녀올 자격이 있
습니다."

죄책감에 지나치게 몰두하지 않고 잠시 벗어나는 활동은, 우리가 감정이 주는 중압감에서 벗어날 수 있도록 돕습니다. 부정적인 생각 대신에 좀 더 합리적이고 객관적인 방식으로 사고하도록 도와주기도 하고요. 여행하면서 마주하는 경험을 통해 반려동물의 죽음이 가지는 또 다른 의미를 발견하고 재해석할 수도 있습니다.

물론 애도를 피하기 위한 회피의 목적으로 여행을 가서는 안 됩니다. 회피하면 일시적으로는 마음이 편해질 수 있지만, 장기적으로는 좋지 않습니다. 다시 부정적인 생각이나 감정들이 올라올 수 있기 때문입니다.

펫로스 증후군에서 벗어나려면 사별에 대해 깊이 사유하고, 애도를 경험하고, 변화를 통찰하는 과정이 꼭 필요하기 때문이지요. 애도를 위한 활동은 반드시 '수용'과 '변화'가 함께해야 함을 기억해주기 바랍니다.

# 아름답게
# 기억한다는 것
## : 4단계 마음의 자리 만들기

"밀키도 제가 행복하길 바랄 거라는 걸 알아요. 그래
서 좋은 기억을 떠올리려고 노력하는데 그보다는 치
매로 저를 알아보지 못했던 모습, 겁에 질린 듯한 모
습만 떠올라요."

제 첫 번째 반려견이자 저희 집 막내였던 다롱이와의 기억은
다롱이가 떠난 4월 11일이 아니어도 수시로 저를 찾아오곤 합
니다. 다롱이의 사진을 볼 때, 길이나 병원에서 요크셔테리어
친구들을 만날 때, 귀염둥이 반려묘 아론이와 함께 있을 때, 가
끔 부모님이 키우는 반려견 라임이와 산책을 할 때……. 그럴
때마다 불쑥 다롱이가 떠오릅니다.

떠나보낸 반려동물에 대한 기억은 사라지지 않습니다. 때로는 행복한 기억으로, 때로는 가슴 아픈 기억으로 언제든지 다시 찾아옵니다. 반려동물들이 각기 다른 개성을 가지고 있는 것처럼, 반려인마다 기억하는 반려동물의 모습은 저마다 다를 수 있습니다.

## "어떤 모습이 떠오르나요?"

○

한번은 상담실을 찾아온 한 반려인이 저에게 물었습니다.

"선생님은 다롱이를 생각하면 어떤 모습이 떠오르세요?"

그분이 이런 질문을 한 이유를 너무 잘 이해할 수 있었기에 저는 "그게 왜 궁금하셨을까요?"라고 되물었습니다. 그분은 자신이 반려동물을 떠나보내던 그 순간의 고통스러워하던 반려동물의 모습이 떠올라 힘들다고 솔직한 이야기를 꺼냈죠. 반려인은 자신의 반려동물을 이런 모습으로 기억하고 싶지 않고, 건강했던 때의 모습으로 남기고 싶다고도 털어놓았습니다.

그런데 말이죠. 제가 펫로스 상담사라고 해서, 다롱이에 대한 애도가 적절했다고 해서, 사별로부터 오랜 시간이 흘렀다고 해서, 가끔씩 떠오르는 다롱이에 대한 기억이 아름답고 행복하기만 한 것은 아닙니다. 쇠약해진 모습이 떠오르기도 하고, 고통스럽게 떠나가던 순간의 모습들 역시 저를 찾아옵니다.

그렇다고 해서 즐겁고 행복하고 아름다웠던 순간만 남기고, 힘들고 고통스럽고 두려웠던 순간을 기억 저편으로 치워버려서는 안 됩니다. 반려동물과의 모든 기억을 온전하게 우리 안에서 통합해나가야 하죠. 그 기억은 때로는 행복하고 아름다웠던 순간의 모습으로, 때로는 슬프고 절망스러웠던 모습으로 우리를 찾아올 수 있습니다. 그 모든 것이 우리가 간직해야 할 반려동물의 모습임을 깨달아야 합니다.

우리는 마음을 열어두어야 합니다. 슬프고 힘들었던 기억이 다시 떠오른다고 해서 이것을 누르고 밀어내려 하지 말고, 있는 그대로 인정하고 받아들여야 합니다. 힘들고 슬픈 기억도 우리가 그들과 함께했던 기억이고 지금의 우리를 만들어준 기억이기 때문이죠.

다시 눈물이 흘러내릴 수도 있습니다. 사무치게 그리운 감정이 또다시 올라올 수도 있습니다.

하지만 우리는 알고 있습니다. 힘겹고 고통스러웠던 순간만큼 행복하고 아름다웠던 기억도 함께 남아 있음을요. 우리는 힘들고 고통스러운 감정 상태에서 회복될 수 있으며, 다시 일상으로 돌아갈 수 있습니다.

## 기억할 수 있는 무언가를 만들어볼 것

○

저는 상담이 마무리될 즈음에 반려인에게 반려동물에 대한 '기념물'을 만들어볼 것을 권합니다. '창조'는 애도의 과정을 보다 자연스럽게 마무리하도록 도와주기 때문입니다.

누구든 예술 활동을 통해 무언가를 창조할 수 있으며, 영원히 벗어날 수 없을 것만 같았던 고통에서 벗어나는 데 도움을 얻기도 합니다. 앞서 사별 경험을 글로 적어보았던 것도 이러한 창조의 과정 중 하나입니다.

최근에는 많은 반려인이 SNS 등을 통해 반려동물에 대한 기억물을 만듭니다. 이러한 글은 다양한 형태로 작성할 수 있습니다. 편지, 수필, 때로는 시의 형식이 될 수도 있지요. 어떤 분들은 자신의 경험을 책으로 제작하기도 합니다.

반려동물과 함께했던 삶 전체를 다시 정리해보아야 하므로 내가 의식적으로 잊으려 했던 어떤 기억이 수면 위로 올라와 힘들어질 수도 있지요. 하지만 궁극적으로 이러한 작업은 애도 과정 또한 반려동물과 함께하는 삶의 일부임을 조망할 수 있게 해줍니다.

사별을 애도하며 반려동물을 기억하는 콜라주를 만들어보는 것도 좋습니다. 반려인이 좋아하는 형태 혹은 사별한 반려동물이 좋아했던 물건, 무엇이든 좋습니다. 반려동물과 함께하며 우리는 그들의 모습을 사진으로 남기곤 합니다. 반려동물의 사진을 가능한 한 많이 모아보는 게 중요합니다. 시간 순서에 따라, 주제에 따라 혹은 사진이 주는 생각이나 감정에 따라 사진을 배열해보세요.

이와 함께 반려동물과 연관된 잡지의 사진, 애견 운동장 입장권이나 입체 오브젝트를 함께 콜라주해봐도 좋습니다. 예를 들어, 반려동물의 발바닥을 본뜬 것 혹은 반려동물의 털 혹은 반려동물이 좋아하던 장난감을 붙여볼 수도 있습니다. 어떤 식으로 만들지는 반려인의 자유입니다.

이렇게 무언가를 만드는 동안, 사진을 보고 추억하며 행복했던 시간뿐만 아니라 힘들었던 시간도 함께 기억해야 한다는 점이 중요합니다. 이 과정은 애도에 대한 다양한 감정을 경험하고, 긍정적이든 부정적이든 그 감정을 온전하게 느끼고 수용할 수 있도록 도와줄 것입니다.

콜라주는 하나만 만들어도 좋고, 여러 개를 만들어도 좋습니다. 대신 이런 작업 하나하나가 의미를 갖도록 노력해야 합니다. 또한 일어나는 감정에 충실해야 한다는 점을 기억해야 하고요. 콜라주는 혼자서도 만들 수 있지만, 가족과 함께해도 좋습니다. 가능하다면 전시회를 통해 타인과 작품을 공유해보는 것도 도움이 될 수 있습니다.

그림 그리는 것을 좋아한다면 반려동물과의 추억을 한 폭의 그림으로 남겨보는 것도 한 방법입니다. 아니면 작은 정원이나 화분, 장식물 등을 활용하여 기억물을 만들 수 있습니다. 마당이 있다면 유골을 묻고 비석을 세우며 주변을 꾸며볼 수 있고, 그렇지 않다면 납골당에 유골함을 보관하고 그곳을 장식할 수도 있습니다.

집에 작은 액자와 장식품을 함께 두어 기억물을 만들 수도 있지요. 또 반려동물의 생일이나 기일에 반려동물을 기억하는 가족들과 함께 식사를 하거나, 잠시나마 반려동물에 대해서 이야기를 나누는 시간을 갖는 것도 도움이 될 수 있습니다.

어떤 분들은 반려동물의 생일에 반려동물이 좋아했던 장소에 가보고, 좋아하던 음식을 챙겨주거나 편지를 낭독하는 시간을 보냅니다. 반려동물이 떠났던 날짜를 나무를 심거나 유기 동물 보호소에서 봉사활동을 하는 날로 정하는 것도 반려동물을 애도하는 기념 의식으로 추천합니다.

힘든 감정에 휩쓸려 반려동물과의 기억을 묻어버리지 마세요. 우리의 삶과 마음에 그들을 위한 자리를 만들어두기 바랍니다.


## 마음 챙김을 통해 감정 다루기
○

반려동물이 생전에 언제나 우리 곁에 다가왔던 것처럼, 떠나간 반려동물에 대한 기억은 아무런 예고 없이 우리를 찾아옵니다. 충분한 애도 과정을 통해 감정을 해소하고 사별한 반려동물에 대한 생각을 정리해왔다면, 감정에 압도당하는 일은 거의 없을 텝니다.

때로 감정이 홍수처럼 다시 우리 마음에 밀려오고, 감당하기 힘들다고 느껴지는 순간이 올 수 있습니다. 그럴 때는 '마음 챙김'의 개념으로 그런 감정에 접근해보면 도움이 됩니다.

불교 명상에서 나온 마음 챙김에서는 '알아차림'을 강조합니다. 신체와 정신에서 느껴지는 모든 것을 평가하거나 비판하지 않고, 있는 그대로 알아차림으로써 우리는 스트레스로부터 벗어날 수 있다는 것이지요.

우리를 찾아오는 반려동물에 대한 생각이나 감정을 판단 없이 그저 바라봄으로써, 그것이 주는 중압감으로부터 벗어나는 연습을 해보길 바랍니다. 이는 우리의 호흡에 집중하는 것에서부터 먹는 일에 열중하거나 온몸에서 일어나는 신체 감각에 귀기울여보는 것까지, 다양한 방식을 통해 이루어질 수 있습니다.

걱정이 머릿속에 떠오른다고 예를 들어봅시다. 이때 이에 대해 어떠한 평가나 판단도 하지 않은 채 걱정을 있는 그대로 두는 겁니다. 그저 내 호흡이 오고 가는 것에만 정신을 모으는 것이지요. 물론 그 걱정들이 호흡에 집중하는 것을 계속해서 방해할 수도 있습니다.

하지만 그런 방해에도 불구하고 그저 호흡에 집중하도록 노력한다면, 어느 순간 걱정이 주는 불안감과 스트레스가 줄어드는 느낌을 받게 됩니다. 이 개념을 한 번에 받아들이기는 어려울 것입니다. 이 이야기는 이후 네 번째 상담 중 '완벽한 괜찮음은 없다'(152~159쪽)에서 더 자세히 다루겠습니다.

"나의 OOO(반려동물 이름)이가 무지개 다리를 건너갔다"라는 문장으로 시작하는 글을 작성해봅시다. 이 글의 형식은 자유롭습니다. 일기, 편지, 시 등 어떤 형태여도 좋습니다.

다만, 나에게 어떤 일들이 일어났고, 또 그 과정에서 나는 어떤 생각과 감정을 느꼈는지에 대해 조금 힘들더라도 자세히 적어봅니다. 그 과정에서 내가 억누르고 있던 감정들이 올라와 슬픔과 죄책감을 다시 느낄 수도 있겠지만, 이는 결국 내가 언젠가는 다시 마주해야 할 감정들이기에, 이를 회피하지 말고 '있는 그대로 기꺼이' 느껴봅니다.

아래에 제가 상담자이기 이전에 다롱이의 보호자였을 때 썼던 글을 첨부합니다. 이 글을 천천히 읽어보면 여러분이 어떤 글을 써내려가고, 어떤 생각과 감정을 마주해야 하는지를 알아차리는 데 도움이 될 겁니다.

> "나의 다롱이는 2009년 4월 11일 무지개 다리를 건너갔다."
>
> 너를 처음 만나던 날은 내가 중학교 2학년이던 어느 봄날이었어. 봄이었지만 아직은 날씨가 꽤 쌀쌀했고, 작은아버지는 너를 어디선가 분양해서 우리 집에 데려오고 있었지. 나와 동생은 집

에서 기다리지 못하고 너를 만나러 가기 위해 아파트 주차장으로 내려갔어. 작은아버지의 점퍼 사이로 고개를 내밀던 자그마한 강아지의 얼굴이 아직도 기억이 나.

검은색 털 뭉치 같은 넌 너무도 귀여웠어. '다롱이'라는 이름은 동생이 지었지. 동생은 그때 초등학교 1학년이었는데, 교과서에 나온 개의 이름이 '다롱이'였어. 가족들은 다들 그 이름에 찬성했지(난 사실 영어로 이름을 짓고 싶었는데, 지금 생각해보니 다롱이라는 이름이 딱이었던 것 같다).

(중략) 너에게 은빛의 아름다운 털이 조금씩 자라나면서 너는 나와 내 동생을 쫓아다니기 시작했지. 따라다니면서 짖기도 했고 물기도 했어. 나와 동생은 네가 우리를 자꾸 물려고만 해서 도망 다니기 바빴던 것 같아. 넌 사실 그때 우리와 장난치고 놀고 싶어서 그랬을 텐데. 지금 생각해보면 참 우습다.

(중략) 그렇게 함께하며 쌓은 우리의 추억이 10년을 넘어섰지. 그러던 어느 날이었어. 아버지가 새로 차를 구입했고, 우리 가족은 그 차를 처음 타고서 외식을 나갔지. 저녁에는 집에 돌아와서 우리만 맛있는 걸 먹어서 미안하다고 너에게 얘기했지. 너는 꼬리를 흔들면서 우리를 반겼고, 뭐가 대수냐는 식으로 대답하

는 것만 같았어. 밤이 찾아왔고 나는 컴퓨터 게임을 하며 시간을 보내고 있었지. 그때 갑자기 네가 내 방에 들어왔어. 뭔가가 급해 보였고, 나는 네가 대변을 보려 한다고 생각했어. 그리고 몇 초 뒤에 화장실에서 네가 숨을 헐떡이는 소리가 들려왔고 난 화장실 앞으로 달려갔어.

넌 괴로워하며 화장실 바닥에서 기어 다니고 있었어. 난 아버지와 어머니에게 어서 와보시라고 소리쳤어. 안방에 계시던 아버지 어머니는 전에도 네가 가끔씩 그런 적이 있다고 설명했지만, 내가 보기엔 지금은 상황이 훨씬 위태로운 듯했어. 아버지와 어머니가 화장실로 오셔서 너의 모습을 보고서야 상황이 심각하다고 느꼈지. 때마침 동생도 집에 돌아왔어. 너와의 마지막 순간을 모두가 함께할 수 있어서 다행이었지만, 한편으로는 우리는 아무것도 너에게 해줄 수 없었어.


(중략) 2009년 4월 11일. 너는 그렇게 우리 곁을 떠나갔어. 우리는 갑작스럽게 떠난 너를 보낼 준비를 해야 했어. 어머니는 동물 장례 업체에 가기 전에 가지고 있는 것 중에 제일 예쁜 상자를 꺼내 왔고, 네가 자주 깔고 앉던 이불로 너를 감싸주셨어. 우리 가족 모두 함께 차를 타고서 출발했어. 도착했을 때의 쌀쌀했던 공기가 기억이 나. 우리는 너의 화장을 부탁했지. 너를 보내

던 순간에는 멍해지면서 어떤 감정인지를 느끼지 못했는데, 장례 업체에 방문해서 입관 전 너를 마지막으로 보았을 때, 우리 가족들은 다 이별을 실감하고 눈물을 흘렸지. 집에 돌아오고 나서 네가 앉아 있던 자리, 너의 밥그릇과 물그릇, 네가 가지고 놀던 장난감, 하루 전까지만 해도 네가 물고 뜯던 간식들. 그 모든 게 고통스럽게 느껴졌어. 그것들을 보고 있기도 고통스러웠고, 치우는 것 또한 아프게 느껴졌지.

(중략) 아직도 너를 떠나보내던 날의 그 느낌들은 남아 있어. 하지만 그날의 고통스러운 느낌은 점점 희미해져서, 조금 견딜 만해졌지. 너도 그날의 감정에 가족들이 힘들어하기를 원하지 않을 거야. 너는 착한 강아지였으니까.

대신에 다른 감정과 기억들은 더 분명해지는 것 같아. 네 사진을 다시 보니, 너와 함께 행복한 시간을 보냈던 때의 느낌이 생생해. 너를 쓰다듬을 때의 부드러운 촉감. 은색으로 잔잔히 빛나던 털들. 따스함. 무더운 여름날의 숨소리. 항상 조금 내밀고 있던 귀여운 혓바닥. 발바닥 냄새. 난 그 모든 것을 온몸으로 기억하고 있어. 너와 함께할 수 있어서 행복했어. 내가 읽었던 책 제목에 세 가지 말들이 있었는데 너에게 꼭 해주고 싶었어. 미안해, 사랑해, 고마워 다롱아.

※ 나만의 펫로스 글쓰기

# 모든 게
# 제 탓인 것 같아요

## : 심리적 오류

---

### 상담 노트 #3

| | |
|---|---|
| **내담자** | 김지연(여, 25) |
| **반려동물** | 쫑이(몰티즈, 수컷, 16살) |
| **특이사항** | 노령으로 인한 사별을 예상하고 미리 준비하고 임종까지 함께했으나 쫑이에게 해준 것이 없다는 자책감에 괴로워함 |

# 이렇게까지 힘든 저,
# 이상한 건가요?

## : 상실의 틀

● "쫑이가 떠난 지 3주. 쫑이가 무지개 다리를 건널지도
모른다는 예감에 미리 이별을 준비했었어요. 마지막
날도 다 지켜봤고요. 미련 없을 만큼 노력했다고 생
각했는데, 왜 이렇게 고통스러울까요?"

우리는 살아가면서 많은 것을 얻기도 하지만, 동시에 많은
것을 잃기도 합니다. 지금 제 이야기를 듣는 이 순간에도 펫로
스 증후군에 대한 '지식'을 얻어가고 있지만, 한편으로는 '시간'
을 잃고 있는 것처럼 말이죠(부디 잃는 시간보다 얻는 지식이 더 많
기를 바랍니다).

그런데 우리는 얻는 것보다는 잃는 것을 더 크게 느끼곤 하

지요. 애초에 인간이 '상실'에 민감하게 반응하도록 설계되어 있기 때문일지도 모르겠습니다.


## 상실에 더 예민한 사람들
○

지금부터 예를 한 가지 들어보겠습니다.

"심각한 홍수로 관광객 100명이 목숨을 잃을 위기에 처했습니다. 구조 전문가들은 두 가지 대책을 내놓았습니다. 대책 A는 100명 중 33명을 100% 확률로 살릴 수 있습니다. 대책 B는 33%의 확률로 100명 모두를 구할 수 있지만, 67%의 확률로 모든 관광객이 죽습니다. 만약 당신이 결정권자라면 어느 쪽을 택하겠습니까?"

이런 질문을 받으면 대부분의 사람들은 대책 A를 선택합니다. '33명을 안정적으로 살릴 수 있잖아?'라고 생각하게 되는 것이지요. 그럼 다시 질문해보겠습니다.

"심각한 홍수로 관광객 100명이 목숨을 잃을 위기에 처했습니다. 구조 전문가들은 두 가지 대책을 내놓았습니다. 대책 A는 67명이 100%의 확률로 죽습니다. 대책 B는 33%의 확률로 아무도 죽지 않으며, 67%의 확률로 100명이 모두 죽습니다. 만약 당신이 결정권자라면 어느 쪽을 택하겠습니까?"

흥미롭게도 이 질문에서 사람들은 모험이 필요한 대책 B를 선호합니다. 두 질문에서 대책 A와 대책 B는 확률적으로 똑같은데도 말이지요.

이 질문은 2002년 노벨 경제학상을 수상한 심리학자 대니얼 카너먼(Daniel Kahneman) 교수가 사용했던 모델과 같은 형태입니다. 사람들은 획득의 틀에서는 보다 안정적인 쪽을 선택하지만, 손실의 틀 안에서는 보다 모험적인 방법을 선택한다는 것이었죠.

우리는 인간이 굉장히 이성적인 동물이라고 믿지만 실은 그렇지 않습니다. 기계와 달리 인간은 감정을 가지고 있기 때문이죠. 특히 상실이라는 감정에 있어서는 합리적인 사고를 하지 못할 만큼 사람들은 상실을 크게 느끼고 받아들입니다.

그렇다면 그 상실의 대상이 내가 믿고 사랑하는 존재라면 어떨까요? 사별은 우리의 모든 것을 무너뜨릴 만큼 강력하고 어두운 힘을 발휘할지도 모릅니다.

이 세상에는 다양한 관계가 있고, 그만큼 다양한 사별이 존재합니다. 누군가는 아버지와 어머니를 잃고 슬퍼하고, 누군가는 친구를 잃고 비탄에 빠지며, 누군가는 자식을 잃고 하늘이 무너져 내리는 듯한 경험을 합니다.

사별의 대상이 동물이라고 해서 그 고통이 덜해지지는 않습니다. 가끔 길에서 로드킬로 생을 마감한 동물들을 보면 저는 마음이 아픕니다. 나와 전혀 인연이 없는 저 야생동물의 죽음도 이렇게 마음이 아픈데, 10여 년을 함께 동고동락해온 반려동물을 잃는다면 어떨까요? 펫로스가 상상할 수 없는 고통을 주는 것은 어쩌면 당연한 일이겠지요.

## 보살핌의 존재였기에
○

인간과 동물은 어떻게 유대감을 가질 수 있었을까요? 왜 인간은 자신과 전혀 다른 생김새와 울음소리를 가진 생물과 함께 있고 싶어 하고, 먹을 것을 공유하고, 이별을 슬퍼하는 걸까요?

여기에는 우리가 거부할 수 없는 생물학적인 원인이 있습니다. 바로 '옥시토신'입니다. 우리가 반려동물을 쳐다볼 때, 그들의 눈이 어디로 향하는지 아나요? 때로는 도도하게 다른 곳을 쳐다보기도 하지만, 반려동물들은 대체로 반려인의 눈을 마주봅니다. 한 연구에 따르면 반려인이 반려동물과 눈을 맞출 때 옥시토신 분비가 증가한다고 합니다.

옥시토신은 유대감을 형성하는 데 매우 중요한 역할을 하는 호르몬으로 알려져 있습니다. 가끔씩 저는 반려묘 아론이를 가만히 쳐다보곤 합니다(물론 고양이들은 자신을 오래 쳐다보고 있는 것을 좋아하지 않지만, 자제하기 힘들 때가 있지요). 그럴 때마다 저는 '어떻게 한 생명이 이렇게 사랑스러울 수가 있을까?' 생각합니다. 여기서 '사랑스럽다'라는 느낌을 갖게 하는 호르몬이 바로 옥시토신입니다.

굳이 옥시토신이라는 어려운 호르몬 이름을 쓰지 않더라도, 우리가 왜 반려동물과 유대감을 갖게 되는지는 쉽게 알 수 있습니다. 우리가 반려동물과 관계하는 방식을 자세히 들여다보면 말이죠.

반려인은 반려동물의 삼시 세끼뿐만 아니라 틈틈이 간식을 챙겨주는 존재입니다. (고양이들이 나름 반려인을 위해 가끔씩 쥐나 곤충 등 먹잇감을 잡아 오기도 하니 반려동물도 반려인의 끼니를 챙긴다고 볼 수 있을지도 모르겠습니다.) 그러니까 우리는 일방적으로 그들을 먹이는 존재라고 볼 수 있습니다.

반려동물은 혼자 잘 씻지 못하므로 우리는 그들의 목욕 담당

이기도 합니다. 때때로 어떤 동물들은 고인 물이나 모래밭에 들어가 혼자 목욕하려는 기특한(?) 행동도 하지만, 그게 반려인에게 만족스러운 정도는 아니죠. 그러니 우리는 동물을 씻기는 존재라 할 수 있죠. 먹이고 씻기는 것뿐만이 아닙니다. 우리는 그들이 심심하지 않도록 놀아주며, 아프기 전에 혹은 아플 때 병원에 데려가죠.

사람과 사람 간의 관계라면, 이런 관계를 무엇이라고 볼 수 있을까요? 맞습니다. 반려인과 반려동물의 관계는 부모와 자녀 관계와 매우 유사합니다. 그중에서도, 엄밀하게 말하자면 '부모-영유아'의 관계와 유사하죠. 반려동물들은 성체가 되어서도 우리의 보살핌을 요구하니까요.

흔히 개나 고양이는 2~3살 정도가 되면 다 자랐다고 볼 수 있습니다. 하지만 2~3살이 되었다고 해서, 갑자기 "밥은 내가 알아서 챙겨 먹을게요. 걱정하지 마세요.", "이제 목욕 정도는 내가 알아서 한다고요!"라고 하지는 않지요.

우리는 함께 사는 반려동물을 죽을 때까지 보살펴야 합니다. 특히 노령의 반려동물은 더 많은 보살핌을 요구합니다. 수시로 그들의 상태를 체크해야 하죠. 먹지 않으려는 밥을 반드시 먹여야 할 때도 있고, 때로는 약이나 주사도 챙겨야 합니다.

이렇듯 짧게는 10여 년, 길게는 20여 년을 자녀처럼, 그것도 어린아이를 돌보듯 애지중지 키워오다 사별을 경험했을 때, 그 사별이 주는 고통은 이루 말할 수 없습니다. 부모님이 돌아가시면 산에 묻지만, 자식이 죽으면 가슴에 묻는다는 말이 있지요. 어쩌면 이 말이 펫로스의 고통도 설명해줄 수 있을지도 모르겠습니다.

## 슬픔을 거부하지 말 것

○

반려동물이 떠난 고통으로 힘들어하는 자신을 자책하거나 비정상이라고 생각하지 않으셨으면 좋겠습니다. 사별로 힘든 시간을 보내며, 이것이 정상인지 비정상인지, 혹시 내가 이상한 사람은 아닌지 고민하고 계신 반려인들에게 제가 꼭 해드리고 싶은 말이 있습니다. 힘들어하셔도 됩니다. 당신은 지극히 정상입니다. 자식을 떠나보내고 힘들어하고 있는 부모에게 '비정상이다'라거나 '과도하다'라고 누구도 말하지 않는 것처럼 말입니다.

아래 문장에 이의를 제기하는 사람은 아무도 없을 것입니다.

사랑하는 사람을 떠나보낸 뒤에 사람들은 누구나 슬퍼합니다.

사랑하는 사람을 떠나보낸 뒤에 사람들은 누구나 죄책감을 느낍니다.

사랑하는 사람을 떠나보낸 뒤에 사람들은 누구나 일이 손에 잡히지 않습니다.

사랑하는 사람을 떠나보낸 뒤에 사람들은 누구나 아련한 그리움을 느낍니다.

사랑하는 사람을 떠나보낸 뒤에 사람들은 누구나 이 모든 게 꿈이길 바랍니다.

그렇다면 아래 문장은요?

반려동물을 떠나보낸 뒤에도 사람들은 누구나 슬퍼합니다.

반려동물을 떠나보낸 뒤에도 사람들은 누구나 죄책감을 느낍니다.

반려동물을 떠나보낸 뒤에도 사람들은 누구나 일이 손에 잡히지 않습니다.

반려동물을 떠나보낸 뒤에도 사람들은 누구나 아련한 그리움을 느낍니다.

반려동물을 떠나보낸 뒤에도 사람들은 누구나 이 모든 게 꿈이
길 바랍니다.

사랑하는 존재를 떠나보낸 슬픔은 사람과 동물을 가리지 않
고 찾아옵니다. 반려동물은 어떤 사람에게는 동반자이고, 어떤
사람에게는 친구이며, 어떤 사람에게는 자식과 같은 존재입니
다. 스스로가 이런 슬픔을 느끼는 것이 이상하다는 생각이 들
때 동물을 잃었다는 생각 대신, 동반자를 잃었으며, 친구를 잃
었으며, 형제자매 혹은 자식을 잃었다고 생각해보세요.

그리고 반려동물을 잃은 누군가를 보며 너무 심하게 슬퍼하
는 게 아닌가 하는 비난 어린 생각이 들 때도, 그들이 동물을 잃
은 것이 아니라, 동반자나 친구, 자식을 잃었다고 생각해주세
요. 펫로스를 경험한 반려인들이 비난의 시선 대신 공감과 이해
의 따스함을 느낄 수 있었으면 좋겠습니다.

# 모든 게
# 제 잘못 같습니다
## : 역기능적 생각

"쫑이에게 못해준 것들만 떠오릅니다. 더 놀아줄걸, 더 맛있는 간식을 사다줄걸, 전 정말 나쁜 보호자였던 것 같아 쫑이에게 한없이 미안합니다."

지금까지 자연스럽게, 혹은 약간의 노력을 기울인다면 애도의 단계를 하나하나 밟아나가며 펫로스 증후군을 극복할 수 있다고 이야기했습니다.

하지만 안타깝게도 펫로스를 경험한 모두가 쉽게 펫로스 증후군을 극복해내는 것은 아닙니다. 그랬다면 '펫로스 증후군'이라는 단어도 없을 것이고, 제가 펫로스를 전문으로 하는 상담실을 열지도 않았겠지요. 반려동물을 잃은 특수한 원인 때문에, 혹은 반려인을 둘러싼 개인적인 스트레스 때문에 애도 과정이 다른 사람들처럼 쉽게 진행되지 않을 수 있습니다.

계속 이야기했듯이, 애도의 단계를 밟아나가기 힘들거나 사별 감정이 쉽게 나아지지 않는다고 해서 그것이 당신이 비정상이거나 유난스럽다는 뜻은 아닙니다. 단지, 당신은 다른 사람들과 조금 다른 방식으로 펫로스에 접근해야 하며, 애도 과정에 조금 더 노력이 필요하다는 말입니다.


## 그때 더 잘해줬어야 했는데
○

일반적인 애도 과정으로 해결되지 않는 펫로스를 어떻게 극복해야 할지 이야기 나누어볼까요?

'기뻐, 행복해, 편안해, 뿌듯해, 감사해'와 같은 긍정적인 감정부터 '우울해, 불안해, 화가 나, 좌절스러워, 두려워'와 같은 부정적인 감정까지. 우리는 다양한 감정들을 느끼고 표현하며 살아갑니다.

우리가 느끼는 이러한 감정들은 갑자기 툭 튀어나오는 것이 아닙니다. 우리의 '생각'과 분명하게 연결되어 있는 경우가 많지요. 펫로스로 인한 사별 감정도 대부분 어떠한 생각에서 발생하는 경우가 많습니다.

'쫑이를 앞으로 다시는 볼 수 없구나'라는 생각은 그리움이라는 감정을 만들어내고, '쫑이는 그래도 행복하게 살다가 떠난 것 같아'라는 생각은 안도감을 줍니다.

그리고 여기, 우리에게 죄책감이라는 고통스러운 감정을 느끼게 하는 생각이 있습니다.

'그때 내가 뭔가 조치를 취했어야 했는데. 그랬다면…….'

상담실을 찾아오는 반려인을 괴롭히는 생각 중 단언컨대 가장 흔히 나타나면서도 강렬하고 논리적 오류가 있는 생각 즉, 역기능적인 생각이 바로 이것입니다. 14년 전 저를 괴롭혔던 생각 중 하나이기도 하고요.

펫로스를 경험한 반려인이라면 누구나 이러한 생각을 한 번쯤 떠올린 적이 있을 듯합니다. 반려인들의 보편적인 생각이면서 가장 고통스러운 생각이기도 한 이 문장이 주는 우울감은 '인지치료'를 통해 접근해야 합니다.

## 강력한 개인적 믿음, 핵심신념

○

인지치료라는 개념을 처음 정립한 사람은 미국의 정신과 의사이자 심리학자인 아론 벡입니다. 벡 박사는 이를 통해 인간이 경험하는 다양한 정신 건강 문제, 특히 우울증을 효과적으로 치료하는 길을 열었습니다.

벡 박사님은 제가 제일 존경하는 심리학자입니다. 제 반려묘 아론의 이름을 따오기도 했을 만큼이요. 제가 2017년에 미국의 벡 인스티튜트에서 우울증과 자살 예방에 대한 연수를 받았는데, 당시 96세의 벡 박사님을 직접 뵐 수 있다는 사실에 몹시 흥분했던 기억이 납니다. 아쉽게도 박사님의 건강상 문제로 만나 뵐 수 없었지만요.

아무튼, 본론으로 돌아와서, 인지치료란 비합리적이고 역기능적인 생각 대신 대안적인 생각을 적용해봄으로써, 그 결과로서의 감정을 수정해가는 심리치료적 기법을 말합니다. 그리고 생각을 변화시켜 개인의 내면 깊숙이 자리 잡은 핵심신념을 수정할 수 있도록 돕지요.

사람은 누구나 어린 시절부터 다양한 경험을 해오고 그 경험을 토대로 핵심신념을 갖게 됩니다. 핵심신념은 무의식 수준에 있는 강한 개인적 믿음이라고 보면 됩니다. 이는 개인이 의식적인 노력 없이 떠올리는, 그러니까 반사적으로 떠올리는 '자동적 사고'의 바탕이 됩니다.

예를 들어서, 저는 지금 글을 쓰다가 어떻게 써야 할지 막히는 경험을 했고, 순간 '내 책이 사람들에게 비판을 받을지도 몰라'라는 자동적 사고가 떠올랐습니다. 이러한 생각은 약간의 불안감을 일으켰고, 대학원 시절과 대학병원 수련 시절에 배운 내용을 되짚어보며 필요한 내용을 기억나게 만들었죠.

아마도 이러한 자동적 사고에 '나는 인정받지 못할 거야'라는 핵심신념이 영향을 주었기 때문일 수도 있겠네요(좋은 책을 많이 써서 인정을 받을 수 있도록 노력해야겠습니다).

또 다른 예를 들어보겠습니다. 거리를 걷던 중에 보호자와 산책하며 신이 난 반려견을 보고, '나는 저렇게 산책을 자주 해주지 못했던 것 같아'라는 자동적 사고가 떠오를 수 있습니다. 이는 죄책감을 불러일으킬 수 있죠.

이러한 자동적 사고는 '나는 반려견을 위해 해준 게 별로 없다'라는 생각으로 이어질 수도 있고, 그 내면에는 '나는 가치 없는 사람이야'라는 핵심신념이 영향을 주었을 수 있습니다.

## 죄책감에서 벗어나는 방법

○

백 박사님은 '인지삼제'라는 모형으로 인지치료를 보다 자세히 설명합니다. 인지삼제는 우울증을 겪고 있는 사람들이 흔히 가지고 있는 세상을 바라보는 어떠한 틀이라고 볼 수 있는데, '나, 나를 둘러싸고 있는 환경, 내 미래에 대한 부정적인 사고'를 말합니다.

이 세 가지 요소는 우울증으로 힘든 시간을 보내고 있는 사람들에게 두드러지게 나타납니다. 즉, 우울증을 겪고 있는 사람들은 '나는 능력이 없고 취약하며, 주변에서는 아무도 도와주지 않고 있으며, 앞으로 내 삶은 나아질 희망이 없다'라고 판단하기 쉽다는 것이지요. 펫로스 증후군에서 이러한 우울증에서의 인지삼제가 두드러지게 나타나지 않을 수도 있지만, 적어도 반려동물을 잘 돌보지 못했음을 자책하거나 자신을 부정적으로 몰아세우는 생각에 빠지는 경우는 종종 발생합니다.

어쩌면 '나는 반려동물 하나 지키지 못한 사람이며, 주변 사람들은 이러한 내 감정에 공감해주지 않을 것이고, 나는 반려동물을 떠나보낸 슬픔에서 영원히 벗어나지 못할 거야'라는 펫로스의 인지삼제가 마음속에 존재하기 때문에 반려동물을 떠나보낸 슬픔에서 벗어나기가 더 어려울 수도 있습니다.

때로는 당위적인 사고들이 우리를 힘들게 만들기도 합니다. 당위적 사고란, 'must do'와 'should do'로 표현되는 생각들입니다. 우리 말로 번역하면 강도의 차이가 있겠지만 '~했어야만 해'라는 뜻이죠. 이러한 형태를 띠는 자동적 사고는 '~했다면 좋았을 거야', '~하지 않은 게 아쉬워'라는 말보다 더 경직되고 날카롭게 느껴집니다.

예를 들면, '나는 시험에서 100점을 맞았어야만 해'는 '시험에서 100점을 맞지 못한 게 아쉬워'보다 더 고통스럽겠지요. 여기서 반려인들을 힘들게 하는 문장으로 돌아가보겠습니다.

'그때 내가 뭔가 조치를 취했어야 했는데. 그랬다면…….'

방금 언급했던 당위적 사고가 보이나요? '조치를 취했어야 해'라는 표현 말입니다. 이 생각은 우리가 스트레스에 유연하게 대처하지 못하도록 방해합니다. 부정적이고, 그래서 더욱 고통스럽고, 파괴적인 영향을 주지요. 이러한 자동적 사고는 반려인들에게 아주 흔하면서도 가장 고통스러운 감정인 '죄책감'을 느끼게 합니다.

이 문장을 이렇게 바꿔보면 어떨까요? '조치를 취하지 않은 것이 아쉬워', '조치를 취했다면 좋았겠지'라는 표현으로 말이죠. '조치를 취했어야만 해'라는 자동적 사고는 죄책감과 함께 '나는 겉으로만 반려동물을 위했을 뿐 아무것도 한 게 없다'라고 여기게 만듭니다.

하지만 '조치를 취했다면 좋았겠지'라고 사고를 바꿔보세요. 그리고 가슴은 아프지만 보다 합리적인 생각을 떠올려보세요. '하지만 나는 그 이후에는 최선을 다했어. 반려동물에게 나는 나쁜 반려인이 아니었을 거야'라고요. 반려동물의 죽음을 조금 덜 고통스럽게 받아들일 수 있는 생각으로 말이죠.

부정적인 사고에 대인적인 변화를 줌으로써 우리는 핵심신념에 도전하고 부정적 감정을 누를 수 있습니다. 이렇게 인지치료는 펫로스에 대한 애도를 방해하는 생각에 맞서고, 도움이 되는 방향으로 나아가도록 돕습니다.

이 방법들은 우울증이나 다른 심리적 문제 때문에 적절하게 애도하지 못한 반려인뿐 아니라 일반적인 애도 과정을 겪는 반려인에게도 도움이 될 것입니다. 용기를 가지고 작은 생각의 변화부터 일으킬 수 있도록 노력해봅시다. 저와 함께 이야기를 나누면서 이미 작은 변화는 시작되고 있을 테니까요.

# 저는 반려인의
# 자격이 없어요
## : 다양한 인지적 오류

"강아지 한 마리도 제대로 못 돌보는 제가 한심하게
여겨집니다. 반려인의 자격이 없는 것 같아요. 아니,
다른 일이라고 과연 잘할 수 있을까?"

펫로스 이후, 앞서 언급한 당위적 사고 외에 다양한 인지적
오류를 경험할 수 있습니다. 작은 잘못 때문에 잘한 것이 전무
하다는 이분법적 사고, 부정적 과거만 생각하는 정신적 여과,
반려견을 잘 돌보지 못했으니 무엇도 해내지 못할 것이라는 과
잉일반화 등이죠. 이런 왜곡된 생각들이 나의 자존감에 영향을
주어서는 안 됩니다. 오류를 인지하고 바로잡는 게 중요하죠.

## 꼭 알아야 할 인지적 오류들

○

지금부터 펫로스 증후군에서 많이 나타나는 인지적 오류를 살피고, 이를 수정하기 위해 어떻게 대처하는 게 좋은지 말씀드릴게요. 펫로스와 관련된 고통스러운 감정이 떠오를 때마다 내게 어떤 자동적 사고가 일어나는지, 그 안의 인지적 오류가 지금 소개하는 것들과 유사한지 하나씩 비교해보셔도 좋겠습니다.

1. "그때 그 일을 못 해줬어요. 저는 제대로 해준 게 하나도 없어요."

흑백논리라고도 부르는 '이분법적 사고'는 가장 흔히 나타나는 인지적 오류 중 하나입니다. 우리는 가끔씩 해야 할 수많은 일 중 고작 한두 개에 실패했다고, 전부를 망쳤다고 생각하기도 합니다. 완벽주의적 성향을 가진 사람들은 더욱 자주 이렇게 판단합니다.

죽기 전날에도 말랑이는 산책을 나가고 싶어 했어요. 하지만 저는 귀찮아하면서 내일 가자고 미뤘죠. 매번 그랬던 것 같아요.

저는 말랑이에게 제대로 해준 게 하나도 없어요.

여기에 이분법적인 사고가 존재합니다. 죽기 전날에 산책을 데리고 나가지 않았다고 해서 그것이 반려견에게 제대로 해준 게 하나도 없는 걸까요? 이렇게 생각하는 반려인들은 대부분 여행을 가더라도 반려견을 데리고 다니고, 좋은 것을 먹이고, 주기적으로 건강검진을 해주는 등 반려동물을 아끼고 사랑해주었습니다. 잘해준 것도 많은데, 하나의 잘못 때문에 그동안의 노력이 의미가 없다고 여기는 거지요.

저는 펫로스 상담을 진행하며 이분법적 사고를 보이는 반려인들과 함께 반려동물과 살면서 잘해주었다고 생각한 부분, 반려동물을 위해 희생했던 점과 정성껏 돌보았던 일에 대해서 이야기를 나눕니다. 그리고 단 한 번의 실수도 하지 않은 반려인을 100점이라고 볼 때, 자신은 몇 점 정도인지 가늠해보라고 말합니다. 처음에는 자신이 '0점짜리 반려인'이라고 대답했던 사람도 이렇게 이야기를 나누고 나면 이전보다 자신에게 긍정적인 평가를 내리곤 합니다.

이런 생각도 소용없다고 느껴질 때는 다음과 같은 질문을 던져보세요.

"만약 반려동물을 정성으로 돌보던 친구가 실수를 조금 했다는 이유로 자신이 해준 게 하나도 없다며 힘들어한다면, 그 친구에게 뭐라고 말해주고 싶은가요?"

어떤 반려인은 눈물을 흘리며 무언가 깨달았다는 듯이 고개를 끄덕이기도 하고, "그렇게 생각할 필요가 없다고, 수고했다고 말해줄 것 같아요"라고 이야기하기도 합니다.

스스로에게 너무 엄격한 잣대를 들이대고 있는 것은 아닌지 자문해보기를 바랍니다.


2. "이것도 저것도 못 해줬는데, 제가 좋은 보호자라고 할 수 있을까요?"

'정신적 여과'는 자신에게 주어진 정보 중 몇 가지 정보만 선택적으로 받아들이고 나머지는 받아들이지 않는 것을 말합니다. 인간의 뇌가 자신에게 필요한 정보만 처리하고 나머지는 버림으로써 빠른 판단을 하도록 진화했기 때문에 이런 필터가 생겨났는지도 모르겠습니다.

문제는 펫로스 이후에 상담실을 찾아오는 반려인들은 이 필터로 부정적인 정보만 선택적으로 받아들인다는 점입니다. 또 다른 내담자의 사례를 통해 보죠.

저는 초롱이를 병원에 자주 데려가지 못했어요. 귀찮다는 이유로 화장실도 치워주지 못할 때가 있었고요. 일이 바빠서 집에는 항상 늦게 들어왔었죠. 주말에는 친구를 만나러 나가느라 함께 시간을 보내지도 않았고요. 제가 과연 좋은 보호자라고 할 수 있을까요?

이 이야기만 떼어놓고 보면 이분을 좋은 보호자라고 보기 어려울 것입니다. 하지만 이 반려인은 자신의 생활비를 아껴가면서 초롱이가 아플 때마다 병원에 데려가 치료해주었고, 퇴근 후에 지친 몸으로 매일 30분씩 초롱이와 놀아주었죠. 또 나이 든 반려묘를 챙기기 위해 오랫동안 준비했던 해외여행을 포기했고요. 이런 사실들과 함께 판단한다면 어떨까요?

정신적 여과에서 벗어나려면 우리가 보지 못하고 걸러낸 다른 사실들을 떠올려야 합니다. 저는 이런 반려인들께 '내가 못해준 것, 잘 챙기지 못한 것, 노력하지 않았던 것'이 아니라 '노력했던 것, 잘 챙겼던 것, 내가 정말 잘했다고 생각하는 것'을 떠올려보라고 말씀드립니다. 눈으로 볼 수 있도록 종이에 써보면 더욱 좋고요.

'우울이라는 터널은 때로 우리가 다른 것들을 보지 못하게 시야를 가리며, 우리는 터널 밖에 있는 것들을 보기 위해 노력해야 한다'라는 말을 기억하기 바랍니다. 물론 이러한 과정이 있고 나서도 스스로를 '좋은 반려인'이라고 느끼지 못할 수도 있습니다. 하지만 적어도 자신이 나쁜 반려인은 아니었으며, 떠나간 반려동물도 이러한 점을 고마워했으리라는 사실을 깨달을 수 있을 것입니다.

3. "반려동물도 제대로 돌보지 못하면서 무슨 일을 잘할 수 있겠어요?"

반려동물의 죽음과 관련된 부정적인 생각들은 삶의 다른 영역에까지 침범하기도 합니다. 이는 '과잉일반화'와 관련된 인지적 오류 때문입니다. 과잉일반화란 몇 가지 단적인 사례로 얻은 결론을 다른 사건이나 영역에도 비슷하게 적용하는 것을 말합니다. 펫로스 증후군에서 나타나는 과잉일반화의 예는 다음과 같습니다.

묘묘가 죽은 건 다 제가 잘 챙겨주지 못했기 때문이에요. 고양이 한 마리 제대로 돌보지 못하면서 어떻게 직장생활을 할 수 있겠어요? 저는 무슨 일이든 뜻대로 못 해낼 것 같아요.

이 반려인은 자신이 제대로 돌보지 않았기 때문에 반려묘가 죽게 되었으며, 자신은 반려묘를 돌보는 것조차 잘하지 못하므로 직장생활도 제대로 할 수 없는 사람이라는 전형적인 과잉일반화의 오류를 보입니다.

하지만 반려묘를 돌보는 것과 직장생활을 잘하는 것은 엄연히 다릅니다. 이런 생각이 들 때는 자신이 삶의 다른 영역에서 얼마나 잘해왔는지를 다시 살펴야 합니다.

예를 들어, 반려묘를 돌보는 데는 조금 서툴렀지만, 엑셀 프로그램은 잘 다루는 사람일 수도 있죠. 그림을 잘 그릴 수도 있고, 피아노 연주를 잘할 수도 있습니다. 그리고 내가 반려동물을 제대로 돌보지 못했다는 것이 근거가 있는 사실인지 다시 살펴볼 필요도 있습니다.

### 4. "저는 자격 없는 반려인이에요."

한번은 상담실에 찾아온 반려인 중에 자신이 개에 대해서 잘 알지 못했으며, 그래서 자신이 개를 키울 자격이 있었는지 의심스럽다고 말씀한 분도 있었습니다. 이 반려인은 자기 자신에 대해서 혹독하고 '잘못된 명명'을 하고 있었지요. 그 내담자는 이렇게 말했습니다.

산책을 얼마나 자주 시켜줘야 하는지 몰랐어요. 배변 훈련 때문에 혼만 냈고요. 제가 제대로 훈련시키지 못한 거였는데. 잘 돌보지 못했고 실수투성이었어요. 저는 자격 없는 반려인이에요.

물론 이 반려인이 실수했던 점도 있습니다. 하지만 이분 역시 여느 반려인들이 하는 것처럼 산책을 시켜주려 노력했고, 맛있는 간식을 준비했으며, 건강 관리에도 힘썼습니다.

이 반려인에게 저는 '자격이 없는 반려인'이라는 이름 대신에 다른 이름을 붙여보라고 말씀드렸습니다. '가끔 실수도 했지만, 열심히 노력했던 반려인'이라고요.

실수했다는 사실 자체를 부정하는 것은 나 자신에게 거짓말을 하는 것입니다. 단, 그 사실은 인정하되 '열심히 노력했다'는 사실도 인정할 수 있도록 함께 그 근거를 찾아보고 수용해야 합니다.

5. "다들 제가 펫로스를 이야기하는 걸 싫어하거든요."

때때로 우리는 점쟁이가 된 것처럼 다른 사람의 마음을 예상합니다. 호감이 가는 상대방과 메시지를 주고받다가 갑자기 대답이 멈추면, '내가 조금 부담스러운가봐', '내가 마음에 들지 않나봐' 하고 어림짐작해본 적이 있지 않나요?

이처럼 타인의 마음은 어떤지 모름에도 스스로 예상하고 결론을 내려버리는 것을 '독심술적 사고'라고 합니다. 펫로스에 대해서 타인에게 위로와 지지를 얻고 싶지만 그렇지 못한 상황에서 주로 독심술적 사고가 나타납니다.

> 제가 땅콩이 이야기를 꺼내면, 친구들은 저를 이상하게 보거나 분위기를 망쳤다고 생각할 거예요. 지난번에 이야기했을 때, 분위기가 어색해지고 다들 얘기를 피하더라고요.

반려인들은 비반려인에게 펫로스에 대해 이야기하면 상대방이 불편해할 거라고 믿습니다. 이 때문에 고립감이나 외로움을 느끼죠.

하지만 친구들의 반응이 어색했던 것은 어쩌면 어떻게 위로를 해야 할지 몰랐다거나, 자신은 반려동물을 키워본 경험이 없어서 그 마음이 어떨지 헤아리기 어려웠기 때문일 수 있습니다. 가족과 사별한 친구가 그 이야기를 모임에서 꺼낸다면, 우리는 아마도 진심으로 그 친구를 위로하고 싶을 것입니다.

마찬가지로 때로는 상대방이 우리가 그것에 대해 다시 말해주기를 기다리고 있을 수도 있습니다. 어쩌면 위로해주고 싶을 수도 있다는 사실을 우리는 기억해야 합니다.

"어쩌면 네가 이해하기 힘들 수도 있겠지만, 나는 땅콩이를 떠나보내고 사실 많이 힘들어. 내 이야기를 조금 들어줄 수 있을까?"라고 정중하게 말을 건넨다면 분명 상대방은 기꺼이 이야기를 들어줄 것입니다.

여러 면의 인지적 오류는 누구에게서나 나타날 수 있습니다. 하지만 우리는 그것이 사실인지를 항상 의심하고 반박해보는 자세를 가져야 합니다. 나를 우울하게 만드는 방향으로 생각이 흘러가게 두지 마세요. 너무도 명백하게 그 생각은 사실이 아닐 때가 많을 겁니다.

## 나의 비합리적인 생각 바로잡기

반려동물의 죽음에 대하여 내가 가지고 있는 생각을 정리해봅니다. 그리고 그것들 중 나를 고통스럽게 만드는, 내가 반박하고자 하는, 비합리적인 생각을 선택합니다. 그리고 그 생각들에 대하여 다음의 세 가지 질문을 통해 논박해봅시다.

**1** 그 생각이 옳다고 판단하는 근거가 무엇인가요?

**2** 그 생각이 당신에게 있어 어떤 의미나 도움을 줄 수 있나요?

**3** 그 생각에 대한 대안적인 생각들은 없나요?

> 예시　나는 나의 반려동물을 죽게 만든 장본인이다.

**1** 그 생각이 옳다고 판단하는 근거가 무엇인가요?

• 나는 아이가 구토를 하고 있을 때 병원에 빨리 데려가지 않았다.

　⋯▶ 병원에 빨리 데려가지 않은 것이 아이를 죽게 만들었는가?

• 아이에게 급성 췌장염이 발생했고, 그게 구토의 원인이었다.

　⋯▶ 급성 췌장염이라는 것을 알고서 병원에 가지 않았는가?

• 평상시에도 구토를 자주 하는 편이어서 일상적인 증상이라고 생각했다.

　⋯▶ 아이를 죽게 만든 것은 급성 췌장염인가, 아니면 내가 병원에 데려

가지 않은 행동 때문인가?

**❷** 그 생각이 당신에게 있어 어떤 의미나 도움을 줄 수 있나요?

• 나를 자책하고 싶다는 생각이 든다.

  ⋯ 나 자신을 '장본인'이라고 표현하는 것이 떠나간 아이가 원하는 일인가?

• 그렇지는 않을 것 같다. 자책하지 말라고 하고 있을 것 같다.

  ⋯ '장본인'이라는 표현은 나 자신에게 도움이 되는 사고인가?

**❸** 그 생각에 대한 대안적인 생각은 없나요?

• 나는 나의 반려동물을 죽게 만든 장본인인가? 아니면 급성 췌장염으로 인해 아이를 잃은 유가족인가?

  ⋯ 병원에 빨리 데려가지 않았다는 이유로 처벌을 받아야 한다면, 주변 지인이 그런 일을 겪었을 때 그들을 비난할 수 있는가? 왜 나는 자신에게 가혹한 기준을 들이대는 것인가?

  ⋯ 그 행동을 제외한 나머지 영역들에서 나는 최선을 다했고, 병원에 빨리 데려가지 못한 것은 '아쉬움'이라는 표현을 사용하는 것이 맞을 수 있다.

  ⋯ 반려동물에게 스트레스를 주지 않으려 병원 가는 것을 미뤘을 뿐, 죽음으로 이어질 줄 알았다면 병원에 갔을 것이다.

※ 나의 비합리적인 생각 바로잡기

# 그 순간이
# 잊히지 않아요

## : 보다 심각한 펫로스 증후군

---

### 상담 노트 #4

| | |
|---|---|
| **내담자** | 이경호(남, 38) |
| **반려동물** | 포포(진돗개, 수컷, 6살) |
| **특이사항** | 눈앞에서 발생한 교통사고로 반려견과 사별. 식사 거부와 플래시백 등의 신체적 증상이 있으며, 또 다른 반려견과의 관계가 어려워짐 |

# 갑작스러운
# 이별로 인한 고통

● "한 달 전, 포포가 갑자기 튀어나온 오토바이에 치였
고, 병원으로 가는 길에 무지개 다리를 건넜습니다.
그 순간이 자꾸 떠올라 잠도 못 자고 산책길 근처에도
못 가겠습니다."

당신이 생각하는 반려동물과의 마지막 이별은 어떤 모습인
가요?

아마도 다들 비슷한 모습을 떠올리지 않을까 합니다. 모든
가족이 지켜보는 가운데 평온하게 아무런 고통 없이, 잠들 듯이
떠나는 모습이요.

모든 반려인은 마지막 이별의 순간이 조용하면서 아름답기

를 바랄 것입니다. 하지만 모든 이별이 그렇지는 않습니다. 저 또한 반려견 다롱이와의 이별이 평화롭기를 바랐지만, 앞서 말씀드렸다시피 다롱이의 마지막은 고통스러웠거든요.


## 외상 후 스트레스 장애와 닮았다

○

상담실을 찾아오는 분 중에는 불의의 사고로 반려동물과 이별한 분들도 꽤 많습니다. 교통사고로, 타인의 학대로 인해 펫로스를 경험하기도 하지요. 이러한 사별은 일반적인 펫로스 증후군과는 조금 다른 양상을 보입니다. 외상 후 스트레스장애(PTSD) 증상과 유사한 증상들을 동반합니다.

PTSD는 예전에는 '포탄 쇼크' 혹은 '전투피로증'이라는 이름으로 불렸습니다. 그렇게 불리게 된 데에는 배경이 있습니다. 제1차 세계대전이 끝나고, 총알이 날아다니고 포탄이 터지는 무시무시한 전쟁터에 있던 군인들이 집으로 돌아왔습니다. 하지만 전쟁은 그들의 신체뿐 아니라 정신에도 상처를 남겼지요. 그들은 천둥소리를 포탄 터지는 소리로 느끼며 끔찍한 공포감에 떨었습니다. 작은 일에도 놀라거나 감정을 주체하기 힘들어하는 모습을 보이기도 했죠. 바로 PTSD 증상이었습니다.

전쟁 후유증뿐만 아니라 지구에서 일어나는 여러 가지 끔찍한 자연재해나 교통사고, 건물 붕괴나 폭발 사고, 타인의 폭력이나 성폭력 사건도 PTSD로 이어질 수 있습니다.

PTSD의 핵심 증상은 재경험, 회피, 과잉 각성, 부정적인 인지 변화, 이렇게 네 가지입니다.

재경험 증상은 사건에 대한 기억이 주마등처럼 스쳐 지나가거나, 플래시백처럼 눈앞에 펼쳐지거나, 악몽을 꾸는 것입니다. 회피 증상은 사건과 관련된 장소나 상황을 피하는 행동을 말합니다. 과잉 각성은 잠을 이루지 못하거나 자주 깨는 증상, 감정 조절에 어려움을 보이는 증상 같은 것이고요. 부정적인 인지 변화는 세상이나 타인을 신뢰할 수 없다는 생각이나 기억 상실 등으로 나타날 수 있습니다.

일반적으로 PTSD는 끔찍한 사건을 당한 당사자에게 일어나는 문제라고 알려져 있습니다. 하지만 꼭 그렇지만은 않습니다. PTSD는 타인에게 끔찍한 사건이 일어나는 장면을 목격한 사람들에게서도 나타납니다. 심지어 직접 목격하지 않아도 중요한 타인, 예컨대 가족이나 친구에게 끔찍한 사건이 일어났다는 사실을 알게 되는 것만으로도 발생할 수 있습니다.

반려동물은 가족이나 다름없는 반려인에게 매우 소중한 존재입니다. 따라서 반려동물의 끔찍한 죽음을 목격하거나 혹은 끔찍한 죽음이 일어났음을 알게 되는 것만으로도 PTSD와 같은 증상들을 경험할 수 있습니다.

외상적 펫로스 증후군은 우울감이나 죄책감이 주된 증상인 일반적인 펫로스와 달리, PTSD에서 나타나는 네 가지 핵심적인 증상을 경험하게 됩니다.

반려동물이 사고를 당하던 장면이 자꾸 떠오르거나 반려동물이 죽어가던 모습이 꿈에 나타나는 등의 '재경험 증상'. 반려동물이 사고를 당한 장소를 피해 길을 돌아가거나, 반려동물에 대해 이야기하지 않으려고 하는 '회피 증상'. 불면증을 호소하거나 감정 조절을 어려워하는 등의 '과잉 각성 증상'. 펫로스와 관련된 기억을 삭제하거나 앞으로의 삶은 무가치하며 자신은 펫로스 증후군을 극복할 수 없으리라 생각하는 '부정적인 인지 변화'. 이러한 증상들은 모두 PTSD에서 나타나는 증상과 유사합니다.

사건이 발생하고 1개월이 지나면서 외상적 증상들이나 감정적 고통이 점차 완화되고 PTSD의 진단기준을 넘어서지 않으면, 이는 급성 스트레스 장애입니다.

하지만 1개월 이상 이러한 증상이 이어진다면, 이는 외상을 마주하고자 하는 노력만으로 극복하기 힘든 PTSD 상태에 있다는 의미일 수 있습니다. 물론 1개월이 지나지 않았더라도, 외상적 펫로스가 나의 일상을 파괴하고 잠식하고 있다면, 저와 같은 전문가의 도움이 필요합니다.

## 내 삶의 신념을 뒤흔드는 사건
○

외상적 펫로스는 내 삶의 신념 체계를 뒤흔드는 사건입니다. '세상은 안전하며, 착하게 살아간다면 나쁜 일은 일어나지 않을 것이다'라는 신념은 외상적 펫로스가 일어나는 순간 철저하게 배반당합니다.

서울대학교병원 임상심리 수련 중에 그리고 임상심리전문가로 활동하면서 학대나 성폭력 등으로 인해 상처받은 이들을 많이 만났습니다. 저는 이분들의 아픔이 '마음의 상처'라는 단순한 단어로는 설명되지 않는다고 느꼈습니다. PTSD란 마치 '영혼을 깨트리는 마음의 병'과 같습니다.

세상으로부터, 타인으로부터 혹은 가족으로부터 입은 외상적 경험은 개인의 영혼을 산산이 파괴합니다. 게다가 스스로가 얼마나 가치 있는 사람인지, 희망을 품고 살아간다는 것이 어떤 일인지 제대로 볼 수 없게 만들기도 합니다.

신념의 배반은 이렇듯 파괴적인 영향력을 갖습니다. 개인이 어떤 신념을 갖는 것은 의미 없다고 여겨지며, 신념이 무너진 삶은 개인을 매우 불안정하게 만듭니다. 예를 들어볼까요?

우리가 아무 생각 없이 길을 걸을 수 있는 건 '땅이 꺼지지 않는다'는 신념이 있기 때문입니다. 우리가 편안히 숨 쉬는 것은 공기 중에 유독 물질이 없다는 신념이 있기 때문입니다. 그런데 만약 이러한 신념이 무너진다면 어떨까요? 걸을 때도 숨을 쉴 때도 불안감과 두려움을 느끼겠지요.

인간의 욕구에 대해 연구한 매슬로(Abraham Maslow)라는 학자는 욕구를 몇 가지 단계로 나누었습니다. 마치 피라미드처럼 가장 아래에 있는 욕구가 채워져야 그다음의 욕구가 채워지는 방식입니다. 가장 아래에 있는 것은 '생리적 욕구'로 배변이나 배고픔과 같은 욕구이고, 바로 그다음이 '안전의 욕구'입니다. 그 위로 '애정과 소속의 욕구', '존중의 욕구', '자아실현의 욕구'가 있지요.

외상적 펫로스는 바로 '안전의 욕구'를 건드리는 중요한 사건입니다. '세상은 안전하다'라는 신념이 무너지면, 내가 지금까지 살아왔던 세상과 친하게 지내던 타인이 위협적이고 부정적으로 다가옵니다. 이 '안전의 욕구'가 채워지지 않으면 다른 욕구들도 충족될 수 없는 상태가 되겠지요. 즉, 우리가 타인과 공감을 나누고, 존중받고자 하고, 나 스스로가 어떤 사람이 되고자 하는 동기를 무너트릴 수 있습니다.

외상적 펫로스를 경험한 반려인들은 '세상은 안전하고 신뢰할 수 있다'라는 신념부터 회복해야 합니다. 그러기 위해서는 사건을 다시 돌이켜볼 수 있어야 하죠. 나와 반려동물에게 무슨 일이 일어났는지를 되돌아보고, 말 혹은 글로 그것을 정리할 수 있어야 합니다. 반려동물 그리고 펫로스에 대한 생각과 감정을 정리할 수 있어야 하며, 그 생각과 감정에 지나친 혹은 잘못된 해석이나 평가를 내리지는 않았는지 따져보아야 합니다. 세상이 그래도 믿을 만하며, 내가 믿지 않는 것보다는 믿는 것이 더욱 가치가 있다고 느낄 수 있어야 합니다.

이러한 과정은 매우 힘들고 복잡할 수 있습니다. 때로 이런 힘듦을 피하고 싶어질 수도 있죠. 사건을 되돌아보고자 고군분투하다가도 다시 회피하게 될 수도 있습니다. 하지만 회피는 외상적 고통을 지속시키는 요인임을 기억해야 합니다. 우리는 잠시 휴식을 취할지언정, 다시 외상과 마주하기 위해 돌아와야 합니다. 그래야만 외상적 펫로스가 주는 고통으로부터 우리의 삶과 영혼을 지켜낼 수 있습니다.

외상과 마주하기 위해 노력하다보면 어느새 외상으로부터 성장한 나 자신을 발견할 수 있을 것입니다. 어쩌면 편지 쓰기나 예술 활동, 인지적 접근이나 마음 챙김 등이 외상적 펫로스를 극복하는 데 큰 도움을 주지 못할 수도 있습니다. 외상적 펫로스는 일반적인 펫로스와는 전혀 다른 양상을 띠기 때문이지요.

그래서 외상적 펫로스의 경우, 상담실에서 이루어지는 상담의 방식도 조금 다릅니다. 미국의 심리학자 사피로 박사가 개발한 안구운동 민감소실 및 재처리 기법(Eye movement desensitization and reprocessing), 줄여서 EMDR이라고 부르는 치료가 효과적일 수 있지요. 이는 외상에서 느껴지는 고통을 최소로 줄여 반려인이 사건 그 자체를 조금은 있는 그대로 바라볼 수 있도록 돕는 치료법입니다.

다시 한번 말하지만, 외상적 펫로스는 '영혼을 깨트리는 마음의 병'이 될 수도 있습니다. 외상적인 펫로스를 경험한 뒤에, 내가 외상과 마주하려는 스스로의 노력이 버겁다고 느껴진다면 반드시, 반드시 전문가에게 도움을 청하길 바랍니다.

# 치료가
# 필요한 순간

"포포의 사고 후 밥도 제대로 못 먹었습니다. 오토바이를 보는 것만으로도 분노가 치밀어 오릅니다. 또 다른 반려견 한 마리도 키우고 있는데 그 아이와 산책을 나가는 것조차 고통스럽습니다."

펫로스 증후군은 가족이나 친구와의 사별처럼, 한 사람의 인생에 있어서 매우 큰 스트레스 사건입니다. 펫로스를 겪은 반려인은 형언할 수 없는 정신적 고통을 호소합니다. 그들의 일상은 펫로스 이전과는 180도 달라지죠.

적절한 애도 과정을 거치면 반려인을 힘들게 했던 죄책감이나 우울감은 조금씩 호전되며, 일상으로 돌아갈 수 있습니다.

물론 펫로스 증후군으로 힘들어하는 모든 사람이 이렇게 정상적인 애도 과정을 거치지는 않습니다. 때로는 우울증이나 외상후 스트레스장애(PTSD)와 같은 2차적인 정신적 문제를 경험합니다. 이럴 때는 스스로의 노력만으로는 극복하기 어려울 수도 있고요.

## 치료가 필요한 펫로스 증후군

○

노화로 인한 죽음과 같은 일반적인 펫로스보다 더 큰 충격과 스트레스를 주는 것이 바로 예상치 못한 갑작스러운 사별입니다. 여러 가지 펫로스 중에서 특히 전문가의 도움을 꼭 필요로 하는 펫로스가 있다는 말입니다.

### 1. 원거리에서 일어난 펫로스

반려동물과의 이별은 대부분 우리 가까이에서 일어납니다. 집 근처 동물병원에서 혹은 집에서 일어나는 것이 보통이지요. 반려동물의 죽음을 가까이에서 목격하고 그들의 시신을 직접 다루면, 매우 고통스럽지만 그들이 우리 곁을 떠났다는 사실을 몸소 느끼고 받아들이게 됩니다.

하지만 반려인이 먼 타지에서 근무하고 있거나 여행, 유학 등으로 멀리 떠나 있는 상태에서 펫로스를 경험하기도 합니다. 이럴 땐 죽음을 직접 목격하지 못하죠. 반려동물의 장례식과 화장 등 사후 과정은 사망 당일이나 다음 날 하루 만에 이루어지는 경우가 많기 때문에 장례에 참여하기도 어렵고요. 이렇게 반려동물의 죽음이 원거리에서 일어나면 펫로스를 수용하는 데 어려움을 겪을 수도 있습니다.

반려동물이 떠났다는 사실을 머리로는 알더라도, 실제로 목격하지는 못했기 때문에 와 닿지 않는다는 느낌을 받죠. 애도의 전제는 '펫로스를 인정한다'라는 수용 문제와 이어지므로, 원거리에서 일어난 펫로스는 펫로스 증후군을 심화시키는 요인이 될 수 있습니다.


2. 준비가 없었던 펫로스나 외상성 펫로스

반려동물은 예고 없이 우리 곁을 떠나기도 합니다. 수의사 선생님이 반려동물이 곧 우리 곁을 떠날 수도 있음을 미리 말해주기도 하지만, 펫로스는 어느 날 갑자기 일어날 수도 있습니다.

아무 준비 없이 반려동물의 죽음을 맞닥뜨리면 반려인은 펫로스가 일어났다는 사실을 받아들이기 힘들 뿐만 아니라 그로 인해 느껴지는 감정의 홍수를 감당하기 힘들어합니다. 특히 사별이 반려동물에게 큰 신체적 고통을 주는 사고나 학대로 인해 일어났다면 더더욱 그럴 것입니다.

이러한 외상성 사별은 PTSD와 같은 양상을 보일 수 있으며, 일반적인 애도의 방식으로는 극복하기 어려울 수 있습니다. 안전이나 신뢰와 같은 개인의 신념들이 무너지면, 그것을 전문가와 함께 천천히 쌓아 올리는 과정이 필요하죠.

### 3. 반복된 펫로스 혹은 반복된 사별 경험

반려동물을 키우는 가정이 늘어나면서, 반려동물을 여러 마리 키우는 가정들도 늘어났죠. 이렇게 여러 마리 반려동물과 함께 사는 반려인들에게는 사별 경험이 연이어 일어나기도 합니다. 반려동물이 외롭지 않게 비슷한 연령대의 친구를 함께 입양했거나 같은 날 태어난 형제자매를 키웠다면 펫로스 시기도 비슷해질 수 있기 때문입니다.

펫로스뿐만 아니라 다른 가족 구성원의 사망이나 친구의 사망 등 다른 사별 경험이 비슷한 시기에 일어났다면 이 또한 반려인에게 큰 혼란과 고통을 줄 수 있습니다. 한 번의 펫로스만으로도 반려인에게는 충분히 힘든 경험일 텐데, 여러 번의 상실을 겪으면 더 그렇겠죠.

이는 복합 애도 반응으로 이어지고 극복을 어렵게 만드는 요인이 됩니다. 따라서 다중 펫로스, 다중 상실을 겪었다면 전문가의 도움이 필요할 수 있습니다.

### 4. 반려인의 실수로 인한 펫로스

예방이나 치료가 가능한 병인데 예방 접종 시기를 놓쳤거나 뒤늦게 질병을 발견하여 반려동물이 죽음을 맞이하는 경우도 있습니다. 혹은 반려인의 실수로 인해서 펫로스가 발생할 때도 있지요.

이러한 펫로스는 반려인에게 더 큰 죄책감과 후회를 남기며 때로는 자기 자신에 대한 혐오감까지 줄 수 있습니다. 이 경우 정서적 고통은 다른 펫로스 경험과는 차원이 다를 것입니다. 보호자는 자신이 반려동물의 죽음을 막지 못했다거나 자신이 반려동물을 죽게 했다는 부정적인 생각에서 벗어나지 못하고 반복적으로 그 생각에 몰두하게 됩니다. 이는 우울증과 같은 심리적 문제로 이어지기 쉬우므로 전문적인 심리 상담이나 치료가 필요합니다.

## 5. 확인할 수 없는 펫로스

반려동물의 죽음을 받아들이지 못하는 펫로스가 있는가 하면, 반려동물이 사망했는지 아닌지를 확인할 수 없는 펫로스도 있습니다. 이럴 때도 전문가의 도움이 필요합니다.

반려동물이 집을 찾아 돌아오지 못하거나 누군가에게 납치당했다면, 가족들은 그 자체로도 상당한 충격을 경험합니다. 반려동물을 기적적으로 다시 찾는다면 다행이지만, 그렇지 못한 경우 수개월 혹은 수년 동안 그들을 찾아 헤매겠죠.

시간이 흘러 반려동물이 사망했을 나이가 되었을 때조차 반려인은 그들이 어딘가에 살아 있을지도 모른다는 희망을 놓기 힘들 수 있습니다. 이토록 애매한 죽음은 반려인이 스스로 펫로스를 받아들이고 극복하기 어렵게 만듭니다.


## 6. 1인 가구에서의 펫로스

요즘은 반려동물과 한 사람이 하나의 가구를 이루는 경우가 종종 있습니다. 어쩌면 1인 가구라는 말보다는 '1인-반려동물 가구'라고 부르는 것이 더 적절할지도 모르겠습니다.

이렇게 반려동물과 단둘이 살아가면서 반려동물로부터 큰 힘을 얻고 의지하며 살아가는 이들이 많습니다. 반려동물은 반려인이 외롭지 않게 늘 곁에 있어주며, 항상 변함없는 사랑을 보내주고, 큰 즐거움을 주지요. 하지만 그만큼 펫로스의 정신적 고통도 심할 수 있습니다.

이때 반려동물은 반려인에게 '반려동물'인 동시에 유일한 가족 구성원이기 때문입니다. 이 경우의 펫로스는 위로와 지지를 주는 가족 구성원을 모두 잃는 사건이라고 봐야 합니다. 또한 이러한 고통을 함께 나누고 애도 과정을 함께할 다른 가족 구성원이 없기에 반려인은 더 많이, 더 오래 힘들 수 있습니다.

## 내게 맞는 상담 센터를 고르는 방법
○

때로는 펫로스 이후에 전문가의 도움이 꼭 필요합니다. 전문가의 도움을 구하는 것은 부끄럽거나 비정상적인 일이 아닙니다. 독감이나 장염에 걸렸을 때 내과에 가고, 법적인 문제가 생겼을 때 변호사 사무실에 가는 것과 비슷한 일입니다.

필요하다면 누구든 심리 상담을 받을 수 있습니다. 하지만 막상 펫로스로 인해서 상담이나 치료를 받고 싶어도 어디서 받아야 할지 모르겠다는 사람들이 많습니다. 특히, 우리나라에서는 심리 상담과 관련된 자격증이 너무나 남발되고 있고, 정신 건강에 대한 전문 지식이나 경험이 없는 이들이 상담을 진행하기도 하죠. 그러다보니 심각한 부작용이 나타나기도 합니다. 이는 매우 심각한 문제지만 아직 뚜렷한 대책이 나오지 않고 있어 저 역시 답답합니다.

상담을 받기를 원하는 분들은 정부 기관이나 병원에서 인정하는 자격증을 취득한 상담실을 찾아가면 됩니다. 현재 정부 기관이나 병원에서 인정하는 자격증은 한국임상심리학회 공인 임상심리전문가, 한국상담심리학회 공인 상담심리사 1급, 한국상담학회 전문상담사 1급, 보건복지부 정신보건임상심리사 1급이 대표적입니다.

이 자격증들은 보통 대학원에서 임상심리학이나 상담심리학 전공으로 석사학위 이상을 취득해야 하며, 심리 상담이나 심리 검사를 실시하고 일정 시간 이상의 슈퍼비전을 받아야만 취득할 수 있죠.

물론 자격증이 펫로스 상담의 효과를 100퍼센트 보장하지는 않습니다. 그렇지만 자격증을 갖춘 전문가들은 효과가 입증된 방식으로 상담을 제공하고자 노력하며, 다양한 사례를 접하여 위기 대처 능력이나 실전 노하우를 지닌 경우가 많습니다.

약물 치료에 대한 가능성도 생각한다면 특히 전문가에게 상담을 받는 게 좋습니다. 우울감이나 불안감, 과민성, 죄책감과 관련된 생각들, 자살 사고, 무기력감 혹은 공황 발작과 같은 증상이 심하여 심리 상담만으로 증상의 호전이 어려운 경우도 있으니까요. 이럴 때는 정신건강의학과에서 처방되는 향정신성 약물 치료나 입원 치료가 필요할 수도 있습니다. 우울증 치료는 심리 상담과 약물 치료를 병행할 때 가장 효과적이었다는 연구 결과도 여럿 있고요.

필요하다면 반드시 공인된 전문가가 있는 심리 상담 센터나 정신건강의학과를 방문하여 적절한 치료를 받아야 합니다. 정신 건강 문제에 대해 전문가를 찾아가기를 꺼리던 과거의 사회적 분위기는 많이 나아졌지만, 아직도 기피하는 것이 사실이지요. 하지만 어떤 문제로 힘든 시기를 겪고 있다면 누구나 전문가의 도움을 얻을 수 있습니다. 펫로스 증후군도 마찬가지입니다. 망설이지 말고 도움을 구하기를 바랍니다.

# 완벽한 괜찮음은
# 없다

"상담 치료를 받은 후 많이 좋아졌습니다. 하지만 포포가 생각나서 울컥하는 것은 여전합니다. 힘든 일이 있으면 특히 더 생각나고요. 저는 언제쯤 완전히 괜찮아지는 걸까요?"

애도의 과정이 끝나면 슬픔과 그리움이라는 감정이 사라질까요? 반려동물과의 즐거웠던 기억만이 떠오르며 행복하다고 느낄까요?

그렇지 않습니다. 아픈 기억들은 언제든 우리를 찾아올 수 있으며, 사무치는 그리움이 다시 느껴질 때도 있지요. 적어도 제가 느끼는 감정들은 그렇습니다. 물론 상담사로 열심히 일하

고 있고, 가족들, 친구들과도 잘 지내고 있습니다. 하지만 14년
이라는 세월이 흘렀어도, 여전히 반려견 다롱이와의 이별에 대
한 기억은 제 가슴을 먹먹하게 만듭니다.


## 내 마음속 줄다리기

○

저는 지금도 종종 떠오릅니다. 숨 쉬지 못하고 힘들어하던
다롱이의 마지막 모습을 떠올리기는 여전히 힘들고, 녀석을 한
번만 쓰다듬어볼 수 있다면 얼마나 좋을까 하는 마음에 손끝이
저려옵니다. 우리를 찾아오는 기억에 어떻게 대처해야 할까요?

저는 이 질문에 대한 핵심 대답은 '유연함'이라고 생각
합니다. 그리고 그 유연함을 기르는 방법으로 '마음 챙김
(Mindfulness)'에 대해 말씀드리려고 합니다.

마음 챙김은 '신체, 감정, 마음 상태, 마음 대상' 이렇게 네 가
지 요소로 구성됩니다. 마음 챙김의 목표는 떠오르거나 지나가
는 모든 마음과 신체 상태를 지각하고 주의를 기울이는 것입니
다. 이 과정에 주관적인 평가나 판단은 들어가지 않지요. 객관
적인 방식으로 주의를 기울여보는 것입니다. 그 과정에서 우리

는 어떠한 통찰을 얻고, 우리가 끈질기게 투쟁하던 본질과의 갈등을 내려놓게 됩니다.

줄다리기를 떠올리면 이해에 도움이 될지도 모르겠습니다. 줄 한쪽은 우울증이, 다른 한쪽은 나 자신이 줄을 잡고 있다고 가정해봅시다. 펫로스를 경험한 사람은 우울증을 상대로 계속 줄을 당기느라 굉장히 피곤하고 지친 상태입니다. 마음 챙김은 이러한 줄다리기가 의미가 없으며, 우리가 우울증이라는 것에 너무 얽매여 있을 필요가 없다는 사실을 알려줍니다.

이렇게 줄다리기를 내려놓는다는 통찰을 얻으려면, 자세·감각·호흡 등 신체적 정보를 알아차리거나, 희로애락을 포함한 여러 가지 정서에 대해 알 필요가 있습니다. 또 마음이 분산되어 있는지, 어떤 것에 초점이 맞춰져 있는지 같은 '마음 상태'를 깨달아야 할 수도, 떠오르는 생각 같은 '마음 대상'을 알아차려야 할 수도 있습니다.

우리 안에 떠오르는 이러한 생각을 온전하게 두는 것이 가장 중요합니다. 이 순간 올라오는 여러 정보를 어떠한 평가나 비판 없이 있는 그대로 받아들이는 것이지요.

때때로 이러한 알아차림은 방해를 받습니다. 펫로스 후 내 상태에 대해 알아차리려 할 때 오늘 해야 할 과제가 떠오르기도 하고, 펫로스에 대한 내 생각에 대해 알아차리는 중에 오전부터 거슬리던 두통이 심해질 수 있습니다. 하지만 괜찮습니다. 그저 이러한 생각이나 감각이 내게서 떠올랐음을 알아차리고 원래 집중했던 생각으로 돌아올 수 있으면 됩니다. 마음 챙김에서는 주의가 분산되었다는 사실 그 자체를 수용하고, 원래의 목표로 돌아오는 것이 더욱 중요하거든요.

## 감정을 다스리는 2가지 명상법
○

펫로스에 대한 감정이 갑자기 올라와서 힘들 때, 실제로 마음 챙김 명상을 한번 해보세요. 시도해보기 쉬운 두 가지 명상을 소개하겠습니다. 호흡 명상법과 먹기 명상법입니다.

### 1. 호흡 명상법

호흡 명상은 들숨과 날숨에 집중하며 내 신체적 감각에 집중하는 데서 시작합니다. 호흡을 천천히 들이마시고 천천히 내뱉으면서, 코와 입으로 공기가 오가는 것을 느껴봅니다. 폐가 부풀어 오르고 어깨가 위로 올라가는 것, 공기가 기도를 타고 내려가 폐 속 깊숙이 퍼져나가는 것을 느낍니다. 숨을 천천히 들이마시고 내뱉는 것을 잠시 참아보아도 좋고요.

호흡을 반복하는 것에 집중하는 동안 떠나간 반려동물에 대한 생각이나 감정이 올라오기도 합니다. 이를 억누르려고 하거나 없애고자 하지 마세요. 그 생각과 감정을 있는 그대로 두고 호흡으로 다시 돌아옵니다. 호흡에 집중하지 못하도록 마음을 어지럽히는 상념들이 반복해서 들어오더라도 개의치 말고 다시 호흡에 집중하는 겁니다.

지금 이 순간 내 몸에서 일어나고 있는 호흡을 둘러싼 모든 감각에 귀 기울여보세요. 이를 반복하다보면 어느새 생각이나 감정이 주는 고통도 멀리서 바라볼 수 있게 되고, 때로는 마음이 편안해지고 긴장이 풀리는 느낌이 들 것입니다.


## 2. 먹기 명상법

먹기 명상은 우리가 지금까지 음식을 먹던 방법과는 조금 다른 '먹기' 경험이 될 것입니다.

작은 건포도 한두 개를 준비합니다. 건포도가 아니라도 괜찮습니다. 쿠키 한 조각 혹은 젤리여도 좋습니다. 여기서는 건포도를 예로 들어 명상을 설명하겠습니다.

우선 건포도를 먹기 전에 그 외형이 어떻게 생겼고 어떤 느낌인지 살핍니다. 주름의 모양이 어떤지, 윤기가 흐르는지 잘 살펴보고, 손으로 잡으면 어떤 느낌인지 집중해보세요. 귓가로 가져가보아도 좋습니다. 만졌을 때 소리가 난다면 어떤 소리가 나는지 관찰해봅니다. 건포도 안에서 나는 소리나 건포도 표면과 내 손 사이에서 나는 소리에 집중해보세요.

다음으로 건포도를 입술로 가져갑니다. 침이 고이거나 맛있을 거란 기대감을 느낄 수 있을 거예요. 그 후 입 안에 넣고 씹지 않고 혀로 느껴보세요. 그리고 씹으면서 식감과 맛에 집중하며 건포도를 느껴봅니다.

마지막으로 느리게 씹으면서 잘게 부서진 건포도를 천천히 삼켜봅시다. 목구멍을 넘어 식도를 타고 내려가는 건포도를 느껴봅니다.

먹기 명상을 하면서 반려동물에 대한 생각이나 감정이 올라오기도 합니다. 그 생각과 감정을 평가하거나 판단하지 말고, 있는 그대로 두고 명상에 집중해봅니다. 먹기 명상을 하면서 관찰하던 건포도를 입에 넣고 싶었던 것처럼, 건포도를 삼키고 싶었던 것처럼, 생각과 감정은 순전히 내 머릿속에서 일어나는 일일 뿐입니다.

## 잠시 멈춤, 마음 챙김

○

마음 챙김 명상은 약간의 시간과 준비물이 있다면 가능합니다. 하지만 시간과 준비물이 없다고 해서 마음 챙김을 할 수 없는 것도 아닙니다.

마음 챙김은 평범한 일상에서도 충분히 할 수 있습니다. 예를 들어, 이를 닦을 때라면 칫솔이 내 잇몸과 이에 닿는 느낌, 치약의 향, 거품을 뱉고 싶다는 느낌이 올라오는 것 같은 감각적 경험을 알아차릴 수 있겠지요. 카페에서 커피를 주문하고 기다릴 때는 내 귓가에 들어오는 사람들의 목소리, 스피커에서 들려오는 음악 소리, 가게 안에 퍼져나가는 은은한 커피 향, 발바닥에 느껴지는 내 몸의 무게감에 집중해보세요.

마음 챙김 중에 생각과 감정이 흘러들어 오기도 합니다. 하지만 이는 나쁜 것이 아닙니다. 우리 뇌가 살아 숨 쉬고 있다는 증거이며 정상적인 과정입니다.

그 생각과 감정은 반려동물에 대한 미안함일 수도 있고, 내가 예전에 했던 실수에 대한 기억일 수도 있고, 수의사 선생님이 지난날에 했던 어떤 짧은 말일 수도 있습니다. 이에 대해서 그 어떤 판단도 하지 않고 그대로 두고, 우리는 마음 챙김으로 돌아오면 됩니다.

어떤 순간에는 펫로스와 관련된 감정들이 올라와서 우울하거나, 감정적으로 힘든 상태에서 주어진 일을 하느라 압박감을 느낄 수도 있습니다. 이러한 순간을 알아차려야 합니다. 그때가 바로 마음 챙김이 필요한 순간이기 때문이지요. 그럴 때 그 자리에서 호흡에 집중하거나, 잠깐 그 자리를 피해서 걸으며 감각에 집중해보는 마음 챙김은 적어도 그 생각과 감정을 들고서 씨름하는 것보다는 긍정적인 효과를 줄 것입니다.

마음 챙김을 할 수 있도록 스마트폰 배경화면이나 책상 등 잘 보이는 곳에 '상기물'을 만들어보세요. '멈춤' 표시를 붙여놓는 것도 좋은 방법입니다. 혹은 마음 챙김 앱 등을 이용해서 정해진 시간마다 잠시 멈추어서 마음 챙김을 해봐도 좋습니다.

마음 챙김은 저렴하고 효과적이며 지속적입니다. 반려동물과의 사별에 대한 생각과 감정이 나를 힘들게 할 때, 마음 챙김을 떠올리고 경험해보세요. 이를 반복하다보면, 나 자신 혹은 과거 실수에 대한 부정적인 생각이나 감정 자체가 나를 힘들게 했던 것이 아니라, 그 생각과 감정에 대한 내 평가와 판단이 나를 힘들게 했다는 사실을 깨닫는 순간이 올 것입니다.

이완 훈련으로 불안 다스리기

스트레스를 받을 때 우리 몸이 어떻게 변하는지 느낀 적이 있나요?
우리 인간은 위험 상황에 맞닥뜨렸을 때, 싸움 혹은 도주(fight or flight) 중에 한 가지를 선택하도록 준비합니다. 이 과정에서 교감신경계가 작동하고, 에너지를 소비하며, 긴장 상태를 유지시켜 준비를 할수 있도록 만들지요. 그래서 온몸의 근육에는 힘이 들어가고, 심장 박동수는 빨라지며, 혈압은 상승합니다. 이러한 과정에서 우리는 공포감을 느낄 수도 있고, 혹은 분노감을 느끼기도 하지요.
신체가 완전히 이완된 상태에서는 불안감을 느끼기 어려울 수 있는데, 그만큼 우리의 감정은 신체와 많은 부분 연결되어 있습니다. 그래서 한편으로는 우리가 신체를 이완시키는 것만으로도 스트레스를 감소시키는 데 효과를 볼 수 있지요.
이번 실천하기에서는 이러한 이완 훈련에 대해서 소개하겠습니다.

1 먼저 15분에서 20분가량 혼자서 조용히 있을 수 있는 공간을 선택합니다. 앉아서 쉴 수 있는 푹신한 소파 혹은 편안히 누울 수 있는 침대도 좋습니다.

2 먼저 근육들을 하나하나 긴장시켜봅니다. 이는 그다음에 있을 이완을 위함입니다. 5~10초 정도 팔이나 어깨, 다리, 목, 얼굴등에 힘을 주면서 근육들을 긴장시킵니다.

3 그다음 이러한 힘을 바로 풀어내면서 호흡을 천천히 내쉽니다. 이때, 신체의 근육들이 긴장되어 있던 상태에서 어떻게 편안하게 이완되는지를 천천히 느껴봅니다.

4 긴장과 이완을 반복하며 훈련을 지속해봅니다. 특히 신체에서 느껴지는 긴장과 이완의 감각에 집중하도록 노력합니다.

※ 이완 훈련 후 변화된 감정 써보기

........................................................................

........................................................................

........................................................................

........................................................................

........................................................................

........................................................................

........................................................................

........................................................................

........................................................................

........................................................................

........................................................................

........................................................................

# 곧 무지개 다리를 건널 것 같아요

## : 펫로스 준비하기

---

### 상담 노트 #5

| | |
|---|---|
| **내담자** | 박연수(여, 37) |
| **반려동물** | 올리(아메리칸 쇼트헤어, 암컷, 15살) |
| **특이사항** | 올리가 1개월 시한부 선고를 받고 이별 준비에 막막함을 느낌. 어린 딸에게 사별을 설명하기 어려워함 |

# 이별을 준비하는
# 몇 가지 방법

●       "나이를 먹을 만큼 먹은 노묘라 '언젠가 헤어지겠지'
막연히 마음먹긴 했지만, 그 시기가 한 달밖에 남지
않았다고 생각하니 벌써 눈물이 나고 우울합니다. 뭘
해야 할까요?"

    인간과 반려하는 동물의 대부분이 개와 고양이입니다. 이들
의 수명은 아무리 길어도 15년에서 20년 정도지요. 물론 가끔
30년 가까이 보호자의 곁을 지켜주는 반려동물도 있긴 하지만,
그런 경우는 매우 드뭅니다. 반려인보다 오래 사는 반려동물이
드문 만큼, 그들이 나이를 먹을수록 반려동물과의 사별에 대한
불안감이 점점 반려인을 괴롭히기 시작하지요.

## 예전과는 달라진 모습들

○

특히 노령의 반려동물이 이상 증세를 보이기 시작하면, 반려인은 두려움과 슬픔에 빠집니다. 그전에 어느 정도 예상을 했든지 안 했든지 간에, 반려동물의 죽음을 맞이한 반려인은 패닉 상태가 될 수 있습니다. 무엇을 어떻게 해야 할지 모르겠다는 막막한 느낌이 드는 것도 당연합니다.

반려인과 반려동물이 함께한 시간이 쌓여갈수록 반려동물의 건강은 점점 쇠퇴해갑니다. 이것이 자연의 섭리라면, 우리 마음이 아픈 것도 당연한 일이겠죠. 여러 가지 노력으로 반려동물의 노화 속도를 늦출 수는 있겠지만, 생의 끝을 향하는 방향성을 바꿀 수는 없습니다.

반려인은 동물병원의 검사 결과가 아니더라도 반려동물이 예전과는 다르다는 것을 점점 알아차립니다. 눈으로, 귀로, 손끝으로 그들에게 남은 시간이 그리 많지 않음을 느끼지요. 빛나던 털은 생기를 잃어버리고 조금씩 빠져가며, 남은 이빨도 많지 않을 수 있습니다. 순간순간 거친 숨을 내쉬기도 하고 배변 실수가 잦아집니다.

이별이 점점 현실로 다가오면 반려인은 상실과 분리라는 이

슈 때문에 불안감과 두려움을 느끼죠. 더 이상 반려동물이 회복할 방법이 없다는 사실에 좌절하고, 하늘을 원망할지도 모르겠습니다.

노령의 반려동물을 돌보다보면 반려인은 스스로를 돌볼 시간도 부족해집니다. 반려동물에게는 억지로 밥을 먹이면서 자신의 끼니는 거를 때도 많아요. 일분일초라도 더 많은 시간을 함께 보내야 한다는 압박감이 드는 탓에, 집을 청소하고 빨래를 하거나 씻는 등의 일상적인 활동을 힘들어하거나 미루기도 합니다. 이러한 복합적인 상황으로 인해 반려인은 이별에 대처하기 어려워집니다.

## 준비만으로도 고통을 잘 극복할 수 있다
○

어떤 펫로스든 반려인들에게 힘든 것은 마찬가지지만, '갑작스러운 죽음'은 펫로스보다 더 힘들고 오래가는 펫로스 증후군으로 이어집니다. 예상하지 못한 이별은 반려인이 사별이라는 현실을 인식하고 수용하기에 충분한 시간을 주지 않기 때문입니다.

그에 반해 점진적으로 일어난 사별, 그러니까 노화에 의한 사별은 반려인에게 펫로스를 준비할 시간을 줍니다. 수의사 선생님에게 설명을 들어서, 혹은 직감적으로 반려동물이 수개월 내에 혹은 수일 내에 자신을 떠날 거란 사실을 알면, 펫로스가 일어났을 때 현실을 받아들이기가 덜 어려울 수 있습니다. 여기서 현실을 받아들이기 덜 어렵다는 것은 슬픔이나 죄책감 같은 사별 관련 감정을 덜 경험한다는 뜻은 아닙니다.

　그렇다고 사별에 이르기까지 걸리는 시간이 길다고 해서 모두가 이별을 제대로 준비할 수 있는 것도 아닙니다. 사별에 대한 준비도를 높이려면 시간에 더불어 반려인의 노력도 필요합니다.

　연구에 따르면, 사별 준비가 잘되어 있는 보호자들은 사별 이후의 심리적 고통을 더 잘 극복하여 정상적인 수준의 애도를 경험하는 데 긍정적인 영향을 미친다고 합니다.

　사별을 준비하는 것이 효과가 있는지 없는지는 둘째 치더라도, 사별을 맞이하기 전에 애도에 대해 알아보고 탐색하는 일은 중요합니다.

　반려동물의 죽음을 열린 마음으로 받아들이기란 쉽지 않습니다. 다만 모든 생명체는 태어나고 또 죽음을 맞이한다는 점을 기억하면 좋겠습니다.

반려인은 반려동물이 떠난다는 현실을 온전히 받아들이도록 노력해야 합니다. 남겨질 자들의 미련은 때때로 죽음을 피하게 하려는 노력으로 나타납니다. 하지만 그 노력이 떠나갈 존재에게는 고통의 연장이 되어버릴 뿐일지도 모릅니다.

최근 연명치료를 받지 않겠다고 동의하는 '사전 연명의료 의향서'를 작성해두는 사람들이 늘고 있습니다. 자기 미래를 스스로 선택하고, 미래에 존재할지 모르는 고통의 굴레에서 벗어나기 위해 준비하는 것이지요.

이와 비슷한 맥락에서, 반려인은 반려동물이 떠날 시간이 되었다는 사실을 받아들이기 위한 자신만의 기준을 미리 세워보는 것이 좋습니다. 아래 사례를 한번 볼까요?

초롱이가 이제 움직이려 하지도 않고, 좋아하던 간식도 안 먹으려 하네. 초롱이가 떠날 수도 있다는 걸 받아들여야겠지. 언제가 될지는 모르지만, 그날은 슬프고 힘든 날이 될 거야. 하지만 초롱이가 견뎌야 했던 끔찍한 고통과 작별하는 날이기도 해.

이별을 준비하라는 것은 반려동물의 치료와 돌봄을 중단하라는 말이 아닙니다. 반려동물의 회복을 위해 내가 더 할 수 있는 일이 없을 때는 현실을 받아들이는 것이 반려인과 반려동물 모두를 돕는 길이라는 뜻입니다.


## 못다 한 이야기 미리 나누기
○

펫로스를 잘 받아들이고 준비하려면 이와 관련된 감정들을 미리 알아보고 경험할 필요가 있습니다. 이런 경험은 사별 이후의 감정적 변화에 대비하는 데 도움이 됩니다.

어떤 사람은 반려동물과의 이별에 불안감을 크게 느끼고, 어떤 사람은 우울감을 크게 느끼며, 어떤 사람은 죄책감을 크게 느낍니다. 모두 사별 이후에 반려인을 괴롭힐 수 있는 감정이지요. 사별이 아직 일어나지 않았을 때, 이러한 감정을 느껴보고 감정의 원인을 탐색하여 다뤄볼 시간을 마련하는 것이 중요합니다.


저는 몇 년 동안 바쁘다는 핑계로 아띠를 잘 돌보지 않았습니다. 산책도 같이 못 해줬고, 좋아하는 간식 사놓는 것도 깜빡하곤 했죠. 저한테 놀자고 다가와도 귀찮아했던 것 같아요. 아띠가 몸이 안 좋아지고, 저와 함께할 날이 얼마 안 남았을 거라는 생각이 드니까 너무 미안합니다. 아띠의 신뢰와 사랑에 제가 보답하지 못한 것 같아서요.

정호 씨는 사별 이전에 자신의 감정을 탐색해보고, 본인이 가장 크게 느낀 감정이 죄책감이라는 것을 알 수 있었습니다. 그리고 반려견 아띠가 떠나기 전에, 아띠를 잘 돌보지 못해서 미안하다고 용서를 구했습니다. 정성스럽게 아띠를 쓰다듬어주었으며, 귓가에 미안하고 또 사랑한다는 이야기를 자주 해주었습니다. 휴가를 내고 예전부터 아띠와 함께 가보려 했던 바닷가로 여행을 다녀왔습니다. 며칠 후에 반려견 아띠는 세상을 떠났습니다.

정호 씨도 물론 사별 이후에 죄책감을 경험했지만, 그 죄책감은 반려동물을 떠나보낸 사람이라면 누구나 흔히 경험할 수 있는 수준이었습니다. 이처럼 사별과 관련된 감정을 미리 탐색하고 경험하는 것은 이별 이후에 찾아올 고통을 줄여주는 가장 현실적인 방법일 수 있습니다.

## 어떻게 달라질까?

○

반려동물과 사별한 이후에 반려인의 삶은 예전과는 많은 부분이 달라집니다. 11년을 함께했던 반려견 다롱이를 떠나보낸 뒤에 제 삶이 많이 달라졌던 것처럼 말이죠.

산책하러 나갈 필요가 없어지고, 마트에서 동물 사료나 간식을 파는 코너를 구경할 이유도 없었습니다. 배달 음식이 도착했을 때 짖지 않도록 진정시킬 필요도 없었고, 집을 나갈 때 "집 잘 지키고 있어"라고 말할 일도 없어졌습니다.

내가 기쁘건 슬프건, 내가 같이 놀아주든 다른 일을 하든, 항상 나를 사랑해주고 지지해주던 존재는 이제 없습니다. 그저 존재하는 것 자체만으로도 위로와 의지가 되었던 대상이 떠나버렸다는 상실감이 저를 찾아왔습니다.

반려동물과의 사별 이후에 반려인은 현실적인 변화뿐만 아니라 정신적인 변화를 겪습니다. 그러니 변화가 닥치기 전에 사별 후에 내 생활이 어떻게 변할지, 그 변화에 어떤 식으로 적응해나갈지 고민해보는 게 좋습니다. 애도의 과정을 겪은 이후에 다른 반려동물을 데려올지 생각해볼 수도 있겠죠. 또 사별 이후 나는 어떤 사람이 될지, 그 전과 같을지 아니면 변화될지 그려

볼 수도 있습니다.

예를 들어, 반려동물과 사별한 이후에 동물 복지에 관심을 갖고 소외된 동물들에게 봉사하고 싶다고 생각할 수도 있지요. 물론 사별 이전에 이렇게 노력한다는 게 고통스러울 수도 있습니다. 반려동물 없는 내 생활을 관조해봐야 하고, 때로는 아직 반려동물이 곁에 있는데 나의 이기심 때문에 '네가 없는 날'을 준비한다는 죄책감을 느낄 수도 있기 때문이죠.

하지만 그렇다고 이후를 준비해서는 안 된다는 사고는 합리적이지 않습니다. 이별 준비는 반려인의 이기심 때문이 아닙니다. 오히려 마지막 순간까지 반려동물과 함께하는 시간을 헛되이 보내지 않기 위해 필요한 일이기도 합니다.

마지막으로 한 가지, 펫로스를 혼자 준비해야 한다고 여기지 마세요. 함께 반려동물을 키우는 가족들과 가까운 친구들 혹은 저 같은 전문가들이 같이 준비해줄 수 있으니까요.

사별을 준비하는 사람들과의 모임이 도움이 될 수 있습니다. 이러한 모임에서 서로 위로와 공감을 나누고 반려동물의 마지막 케어를 위한 현실적인 도움도 얻을 수 있거든요. 시간이 허락하는 대로 사별을 잘 준비하고 반려동물과의 마지막을 행복하게 보내시길 바랍니다.

# 반려동물의
# 장례식

●　　　"마음의 준비를 하다보니 현실적인 문제도 떠오르더
　　　군요. 올리의 장례식은 어떻게 치르는 게 좋을까요?
　　　이런 일이 처음이라 막막하네요."

　반려동물이 죽음을 맞이했을 때, 우리는 비통함에 빠지는
동시에 현실적으로 떠나보낼 준비를 해야 합니다. 예전엔 양지
바른 곳에 반려동물을 묻어주는 데 그쳤지만, 요즘에는 반려동
물 장례를 전문으로 하는 업체를 통해 장례식을 치르기도 합니
다. 이는 아주 현실적이지만 반드시 고민해야 하는 중요한 문제
입니다. 어떻게 준비하면 좋을지 살펴보겠습니다.

## 슬프지만 아름다운 꼭 필요한 의식

○

장례식까지 지내는 건 너무 과하지 않을까 싶어 고민하는 분들도 있을 겁니다. 무리한 지출을 감수하면서까지 반려동물 장례식을 치르는 것은 지양하는 게 좋겠지만, 장례식 자체는 애도를 위해서 필요하다고 봅니다. 장례식은 애도를 향한 첫걸음이기 때문입니다.

애도의 첫 번째 단계는 '사별이 일어났음을 받아들이는 것'에서부터 시작합니다. 반려동물의 숨이 완전히 멎었으며 영혼은 육신을 떠났고, 더 이상 살아 움직이는 반려동물의 모습을 볼 수 없다는 사실은 매우 가슴 아프지만 반드시 마주해야 할 현실이죠. 그런 의미에서 장례식은 반려동물이 '떠났다'는 사실을 받아들이게 해주는 슬프면서도 아름다운 의식이며 꼭 필요한 과정입니다.

앞서 애도의 단계를 이야기하며 강조하였듯이, 사별을 받아들이는 과정 없이는 애도가 적절하게 이루어지기 힘들며, 펫로스를 극복하기 어려울 수도 있습니다. 예를 들어 반려동물이 납치를 당했거나 집을 나가는 바람에 오랜 기간 생사를 확인하지 못하면, 반려동물이 죽었을 것이라고 막연히 추측할 뿐 죽음을 온전히 받아들이기는 힘듭니다. 이런 경우, 펫로스 증후군은 더 고통스럽고 오래 계속됩니다.


## 애도를 위한 가이드라인

○

반려동물과 영원한 이별을 준비해야 하는 상황이 다가오면, 어떻게 장례를 치를지 고민해야 합니다. 장례 업체를 통해 진행할 것인지 아니면 개인적으로 진행할 것인지, 업체를 통한다면 합법적인 절차에 따라 장례를 치러줄 수 있는 곳은 어디인지, 어떤 프로그램으로 장례를 진행할 것인지, 장례를 지낸 이후에 유골은 어떻게 할 것인지…….

이런 것을 계획하기가 고통스럽고 힘들 수도 있습니다. 하지만 펫로스 직후의 혼란스러운 상황에서 이를 준비하는 것은 훨씬 더 어렵습니다. 때로는 이러한 혼란 속에서 내가 원하지 않았던 방식으로 장례를 치르게 되기도 하죠. 그보다는 반려동물의 죽음에 대비하고, 남은 시간을 반려동물과 더 의미 있게 보내는 편이 좋을 수 있습니다.

반려동물이 숨을 거두고 부패가 시작되면 조금씩 냄새가 나기 시작합니다. 이렇게 변하는 모습을 볼까봐 두려워서 서둘러 장례를 치르는 분들도 있지요.

반대로 반려동물을 떠나보내기 힘들어하며 부패가 오래 진행될 때까지 장례를 치르지 못하는 분들도 있습니다. 이는 자칫 반려인의 건강을 해칠 수도 있습니다.

어느 정도 같이 시간을 보낸 후 장례식장에 가야 하는지에 대해서는 제가 명확한 기준을 말씀드리기는 어렵습니다. 다만 장례식장으로 떠나기 전, 애도를 위한 가이드라인을 이야기해 볼까 합니다.


첫째, 가장 중요한 것은 쓰다듬으며 반려동물에게 못다 한 말을 해주는 것입니다.

살아생전에 미처 해주지 못했던 말이 있을 것입니다. 비록 영혼은 육신을 떠났지만, 아이를 바라보고 손으로 촉감과 체온을 느끼며 하고 싶은 말, 사랑한다는 말, 고마웠다는 말, 미안했다는 말을 진솔하게 건네주세요.

반려동물의 마지막 모습을 하나하나 눈으로 담아봅시다. 털이나 피부의 촉감은 어떤지 만져보거나 볼을 비비며 느껴보세요. 반려동물이 더 이상 숨 쉬지 않고, 움직이지 않으며, 따뜻하지 않다는 것이 느껴져 가슴이 아플지도 모릅니다.

하지만 이러한 과정을 통해 반려동물이 '정말로' 우리 곁을 떠났으며, 사별이 일어났음을 온몸으로 받아들일 수 있게 됩니다. 마음 아프지만 필요한 과정이며 애도가 시작되는 첫 순간이기도 하지요.


둘째, 반려동물을 아름다운 모습으로 보내기 위한 준비를 해주세요.

반려동물들은 죽음을 맞이하기 전에 배변하기도 합니다. 털에 이물질이 묻었다면 물티슈로 가볍게 닦아주세요. 장 속에 남아 있는 이물질이 나올 수 있으므로, 복부를 누르지 않도록 주의하며 마지막으로 몸단장을 시켜줍시다. 생전에 좋아했던 옷이 있다면 그것을 입혀주어도 좋습니다.

반려동물이 좋아했던 담요로 아이의 몸을 감싸주고, 부패를 늦추기 위해 조금은 서늘한 곳에 두고 함께 있어주세요. 저희 집 반려견 다롱이를 보낼 때, 어머니께서 아끼던 예쁜 상자에 다롱이를 잠시 넣어주었던 걸 기억합니다. 장례식장으로 떠나는 중에도 다롱이는 예쁜 상자 안에 누워 있었고, 출발할 때까지 감기지 않았던 눈이 장례식장에 도착해서는 부드럽게 감겨 있었습니다. 마지막까지 우리 가족과 함께 있어서 편안했다는 느낌을 받았기 때문일지도 모른다고 생각하니, 마음이 조금 따뜻해지더라고요.

셋째, 이 항목은 모든 반려인에게 적용되지는 않을 수 있습니다. 바로 부검입니다.

반려동물은 때때로 끔찍한 신체적 폭력이나, 의도적으로 위험한 약물을 섞은 먹이를 주는 등의 범죄 행위로 인해 사망하기도 합니다. 이 경우에는 단순히 펫로스를 애도하고 극복하는 문제를 넘어서, 반려동물이 죽은 원인을 분명히 밝히고 가해자가 죗값을 치르도록 하기 위한 과정이 복잡하게 얽힐 수 있습니다.

이러한 문제가 제대로 해결되지 않는다면 반려동물의 억울한 죽음을 풀어주지 못할 뿐만 아니라 반려인이 펫로스를 극복하는 데도 어려움을 줄 수 있습니다. 그러므로 법적인 시시비비를 반드시 가려야 하는 펫로스라면 부검 절차를 진행할 것을 권합니다.

부검은 억울하게 세상을 떠난 반려동물이 마지막으로 하는 이야기에 귀를 기울일 수 있는 유일한 방법입니다. 또한 다른 동물들까지 해할 수도 있는 가해자들에게 경각심을 일깨우고 생명의 존엄함을 가르쳐줄 유일한 방법이기도 합니다.

물론 단점도 분명히 존재합니다. 부검이 진행된 이후에 반려동물의 시신을 돌려받지 못하는 경우도 있습니다. 물론 해당 기관에서 자체적으로 화장을 진행하지만, 반려인은 그 절차에 참여하기는 어려우므로 자칫 '반려동물의 마지막을 비참하게 떠나보냈다'라는 죄책감이 들 수도 있습니다.

그렇다고 하더라도 반려동물의 억울한 죽음을 풀어주고 가해자에게 책임을 묻는 데에 분명한 가치가 있다면, 반드시 화장 전에 부검을 진행하여 기회를 놓치는 일이 없도록 해야 합니다.


## 남겨진 물건 정리하기
○

장례를 치르고 돌아오면 집에는 반려동물의 물건이 남아 우리를 기다리고 있습니다. 집 안 곳곳에 남겨진 반려동물의 흔적은 반려인의 가슴을 아프게 만들곤 합니다. 그래서 어떤 분들은 장례 후에 반려동물의 물건들을 모두 치워버리기도 하고, 간혹 사용하던 물건을 함께 화장하기도 합니다.

이러한 정리가 단기적으로는 반려인의 마음을 편하게 해줄 수 있을지 모릅니다. 하지만 모든 물건을 한 번에 치우는 건 '추억할 수 있는 물건'을 잃어버린다는 점에서 좋지 않습니다.

남겨진 우리에게는 그들을 추억하고 기념할 만한 공간이나 물건이 필요합니다. 반려동물이 가지고 놀던 장난감, 사진, 반려동물의 털을 예쁘게 기념물로 제작하여 보관하는 이들이 많이 있습니다. 그들을 기억하는 사진이나 동영상을 SNS에 게재하여 보관하는 사람들도 있죠.

가장 많은 분들이 묻는 건 유골함을 어디에, 어떻게 두어야 할지 모르겠다는 질문입니다. 사실 저도 어떤 방법이 좋다는 명쾌한 해답을 드리지는 못합니다. 유골을 좋은 곳에 뿌려주어도 좋고, 집이나 반려동물 납골당에 보관하여도 좋습니다. 열처리를 한 보석이나 스톤으로 유골을 가공하여 보관하는 것도 가능하고, 반려동물과 영원히 함께하겠다는 의미를 담아 유골로 장신구를 만드는 것도 괜찮습니다. 결론은 주변 사람들의 의견에 너무 휘둘리지 말고 그저 반려인이 원하는 대로 행하는 편이 좋다는 것입니다.

반려동물의 유골함을 어디에, 어떻게 둘지는 반려인이 마음 가는 대로, 혹은 가족들과의 회의를 통해서 결정하면 됩니다. 어떤 방법이든 일상생활이나 대인 관계에서 문제를 일으키지 않는다면 상관없습니다.

간혹 집에 유골함을 두고 떠날 수 없다는 생각에 직장생활이나 대인 관계를 이어가기 어려워하는 분들이 있습니다. 유골함을 항상 가지고 다니는 바람에 가족과 심각한 갈등이 발생하는 경우도 있고요. 사별 직후에는 이런 일이 자연스러울 수 있지만, 유골함에 의존하고 집착하는 행동이 계속되거나 악화한다면 정상적인 애도 과정에서 벗어났다는 의미이니, 주변에 도움을 청해야 합니다.

장례는 반려동물에 대한 마지막 추억이자 애도의 시작입니다. 화려하기보다는 나와 우리 가족이 그들을 잘 기억하고 추억할 수 있는 방식으로 장례식을 치르기 바랍니다.

# 고양이가 어디 갔냐고
# 묻는 아이에게

●　　　"여섯 살인 딸아이가 올리의 죽음을 받아들일 수 있을
까요? 왜 올리를 만날 수 없는지 자꾸 물어봅니다. 이
제 올리를 볼 수 없다는 사실을 어떻게 설명해줘야 할
지 모르겠어요."

　반려동물을 키우는 가정이 늘어나면서 아동 반려인도 늘고
있습니다. 아이가 태어나기 전부터 반려동물을 키웠던 집이라
면 더 그렇겠지만, 반려동물을 키우다보면 아이들도 펫로스를
경험하게 마련입니다. 죽음이 무엇인지 아직 잘 모르는 아이에
게 펫로스를 어떻게 설명해야 할까요? 아이가 펫로스를 받아들
이도록 어떻게 도와야 할까요?

# 아이들에게 죽음을 설명하는 방법

○

아이들의 펫로스 증후군은 어른들과 달리, 우울감이나 슬픔보다 혼란감과 불안감이 더욱 크게 드러날 수 있습니다.

아이들은 숨 쉬지도 움직이지도 않는 반려동물이 죽었다고 생각하기보다는 잠들었다고 여깁니다. 그들이 언젠가 다시 깨어날 거라고 믿으면서 말이죠. 그런데 왜 깨어나지 않는지, 왜 일어나서 나와 예전처럼 같이 놀지 않는지, 왜 간식을 먹으려 하지 않는지, 왜 엄마와 아빠가 그토록 힘들어하며 우는지 아이들은 이해하지 못합니다.

아이들은 반려동물의 장례를 치르는 동안 부모님이 울고 힘들어하는 모습을 보며 같이 눈물을 흘리기도 합니다. 하지만 아이가 이런 행동을 보이는 이유는 반려동물의 죽음을 이해했다기보다는, 부모의 감정에 동화됐거나 평소와 다른 엄마 아빠의 모습에 불안감을 느꼈기 때문일 가능성이 높습니다. 장례를 지내는 동안, 왜 반려동물과 이별해야 하는지, 왜 돌아오지 않는지 궁금해하며 좌절할 수 있죠.

다행스럽게도 아이들은 여러 가지 정보를 스펀지처럼 흡수할 정도로 머리가 유연합니다. 이는 펫로스 증후군을 극복하는 데도 도움이 될 수 있습니다. 다만, 아이가 쉽게 잊을 거라고 생각하지는 말아야 합니다. 머리가 유연하다는 것은 힘든 기억을 쉽게 잊어버린다는 뜻이 아니라, 어른들의 설명을 언제든지 받아들일 준비가 되어 있다는 뜻이니까요.

펫로스를 겪은 초기에 아이들은 혼란감과 불안감을 경험하지만, 보호자가 적절한 환경을 만들어준다면 아이는 무리 없이 반려동물과의 이별을 받아들이고 적응하며 일상으로 돌아올 수 있습니다.

그렇다면 아이에게 어떻게 펫로스를 설명해야 할까요? 아이들은 죽음과 펫로스를 이해하기 힘들어합니다. 따라서 성인 보호자들은 죽음이나 영혼에 대해 아이의 눈높이에서 설명해주어야 합니다. 왜 반려동물이 죽었는지, 왜 이별하는 것인지, 다시 만날 수 없다는 것과 그들이 우리와 어떻게 함께하고 있는지를 말이죠. 그러다보면 아이들은 점점 그 사실을 이해할 수 있습니다.

다만, 간혹 아동의 눈높이에 맞춘다며 설명하는 어른들의 말 중에 절대 쓰면 안 되는 표현들이 있습니다. 예를 들면 이런 표현입니다.

"네가 괴롭혀서 멀리 간다고 했어."

"네가 평소에 같이 안 놀아줘서 다른 집으로 갔대."

실제로 어른들은 아이들을 보호한다는 생각에 종종 이렇게 말합니다. 어른들이 판단하기에 이런 표현이 '죽음'이라는 끔찍한 말 대신 선택할 수 있는 부드러운 말처럼 보이기 때문입니다. 하지만 정작 아이에게는 그렇지 않습니다. 이런 말은 자칫 아이에게 '반려동물이 나 때문에 돌아오지 않는 거구나'라는 죄책감을 줄 수 있습니다. 그러니 아이들에게는 이런 식으로 바꾸어 말하는 편이 좋습니다.

"고양이들은 시간이 지나서 죽으면 고양이 나라로 돌아가. 올리는 우리하고 함께 있을 수 있는 시간이 다 끝나서 고양이 나라로 돌아간 거야.

올리는 우리와 함께해서 행복했고 우리를 여전히 사랑하지만, 이제 거기서 다른 고양이 친구들하고 함께 있어야 해. 하지만 올리는 멀리서 우리를 지켜주고 항상 기도해줄 거야."

때때로 펫로스로 인한 슬픔이 너무 큰 나머지 어른들도 비통함에서 헤어나지 못합니다. 그렇게 슬픔에 빠진 엄마 아빠를 보면서 아이는 불안을 느낄 수 있습니다. 나를 지켜주고 사랑해주는 애착 대상이 사라지거나 변할 수 있다는 공포는 상상 이상으로 크거든요.

만약 아이가 불안해한다면 안심시켜주고 '엄마 아빠가 지금 슬퍼하고 있지만, 너에 대한 사랑은 변함없다'는 사실을 주지해주어야 합니다.

> "엄마가 우는 건 너 때문이 아니야. 엄마는 올리가 고양이 나라로 떠난 게 슬퍼서 잠깐 우는 거야. 걱정하지 마. 엄마는 항상 네 옆에 있고, 너를 사랑해."

이렇게 이야기해줌으로써 아이가 안정감을 느끼도록 도울 수 있습니다. 특히 따뜻하고 안전한 울타리 안에서 보호받고 있다는 느낌은 아이가 펫로스와 관련된 감정을 표현하고 극복하는 데도 도움을 줄 수 있습니다.

# 온 가족이 함께하는 애도 방법

○

모든 가족 구성원이 펫로스를 경험했다면 애도 과정도 가족이 함께하는 것이 좋습니다. 아이와 함께 애도하는 방법은 이러합니다.

첫 번째는 개방적인 환경을 만드는 것입니다.

아이는 발달적으로 아직 펫로스와 죽음에 대해서 이해하기 힘듭니다. 아이들은 이해가 될 때까지 혹은 스스로 어느 정도 극복이 될 때까지 반복해서 질문하거나 이야기하고 싶어 할 수 있습니다. 이럴 때, 가족 구성원 모두가 사별한 반려동물과 펫로스에 대해서 자연스럽고 자유롭게 대화를 나누는 개방적인 분위기를 형성해야 합니다.

아이들은 죽는 게 무엇인지, 왜 앞으로 다시 만날 수 없는지, 강아지 나라나 고양이 나라에서는 무슨 일이 일어나고 있는지, 자신이 반려동물과 다시 만날 수 있을지 다양한 의문을 품고 혼란스러운 상황을 경험할 테니까요.

개방적인 태도를 취함으로써 아이의 혼란감을 해소해준다면, 펫로스로 인해서 생길 수 있는 불안감과 슬픔을 극복하는 데도 도움이 됩니다. 다만, 성인 보호자 또한 펫로스를 겪은 상태이므로, 아이의 이러한 질문에 올바르게 반응해주기 어려울 수 있습니다. 아이의 계속되는 질문에 보호자도 스트레스를 받아서, 순간적으로 올라오는 감정을 감당하지 못한 채 "저번에도 말해줬잖아. 그만 물어봐. 아빠도 지금 힘들어!"라고 대꾸할지도 모릅니다.

하지만 이러한 대답은 아이가 마음의 문을 닫고 혼란감과 불안감의 동굴로 들어가게 만들 수 있습니다. 아이에게 질문을 받았을 때에는 내 안에서 올라오는 스트레스나 슬픔의 감정을 느끼고, 한번 심호흡하면서 '잠시 멈춰서 생각하는 시간'을 가지면 좋습니다.

두 번째로는 아이가 펫로스를 이해할 수 있도록 대화를 나누는 시간을 보내는 것입니다.

동화 같은 형식의 이야기를 활용하면 아이가 반려동물의 죽음을 이해하고 받아들이는 데 조금 더 도움이 되어줄 수 있습니다. 아이들의 이해를 돕기 위해 제가 만들어본 짧은 동화를 소개하겠습니다.

**제목: 강아지별의 선생님**

강아지별에는 강아지 선생님들이 있어요.
강아지 선생님들은 사람과 친구가 되는 법을
강아지들에게 알려줘요.
공부가 끝나면 강아지들은 지구로 내려와
사람들과 친구가 돼요.

강아지들은 사람과 친구가 되고,
사람들은 강아지들에게 밥을 주고 산책을 시켜줘요.
사람들은 강아지에게 공을 던져주고,
강아지는 그것을 물어 와요.
사람들은 강아지가 아프면 병원으로 데려가요.

강아지가 어른이 되었을 때,
강아지는 사람과 사랑하는 가족이 돼요.
하지만 모든 강아지는 다시 별로 돌아가야만 해요.
강아지는 지구에서 사람들과 어떻게 가족이 되는지,
어떻게 사랑을 하는지 알고 있어요.

그래서 다시 강아지별에 가서

다른 강아지들을 가르쳐주는 선생님이 되어야 해요.


슬프지만 강아지들은 이제 헤어질 시간이 된 거예요.

강아지별로 돌아간 강아지들은 사람 친구에 대해 이야기해요.

사람 친구가 줬던 밥이랑 간식이 너무 맛있었다고 말해요.

사람 친구가 산책을 함께해줘서 정말 재미있었다고 말해요.

사람 친구가 병원에 데려가서 하나도 아프지 않았다고 말해요.

그리고 매일 강아지들은 강아지별에서 사람 친구를 내려다봐요.

매일 밤 강아지들은 강아지별에서 사람 친구를 위해

기도해줘요.

사람 친구들도 강아지별에 있는 강아지들에게

잘 지내라고 기도해줘요.


꼭 이 동화가 아니라도 좋습니다. 아이가 펫로스를 이해할 수 있도록 동화처럼 이야기를 만들어 들려주면 됩니다. 나이가 많아지고 힘들어하던 반려동물이 하늘나라에서 친구들과 행복하고 즐겁게 지낸다는 내용도 아이들이 펫로스를 받아들이는 데 도움이 되겠죠.

아이가 너무 어려 동화를 이해하기 어려워한다면, 그림을 함께 그려보는 것도 방법입니다. 반려동물이 있는 하늘나라가 어떻게 생겼는지, 거기서 무엇을 하고 있는지 그림으로 그려보고 함께 이야기를 나눠볼 수도 있을 테니까요.

마지막으로, 가족 모두가 반려동물을 기억하고 애도하는 시간을 가지는 것도 중요합니다.

아이도 장례식에 함께하여 반려동물에게 쓴 편지를 읽게 해주세요. 아이의 편지나 그림을 같이 묻어주는 것도 도움이 될 수 있습니다.

이러한 과정은 반려동물과의 사별을 인정하고 아이의 불안감과 혼란감, 슬픔 등 해결되지 않은 감정들을 해소해주는 데 도움을 줄 것입니다. 콜라주 작품이나 그림 작품 등을 가족과 함께 만들어보는 것도 펫로스에 대한 생각과 감정을 정리하는 데 도움을 줄 수 있습니다. 다 함께 펫로스의 아픔을 치유할 수 있도록 날짜를 정하고 그날에 편지를 쓰거나 여행을 가는 등 의식적인 활동을 해보는 것도 좋고요.

양육자 자신도 슬픔으로 힘든 시간을 보내면서 아이의 마음까지 챙기기란 어려울 수 있습니다. 가족 상담이 필요한 경우도 있지요. 펫로스는 어른, 아이를 가릴 것 없이 누구에게나 힘든 경험이기 때문입니다.

때로는 나의 슬픔으로 인해 아이를 잘 챙기지 못했다는 죄책감이 들 수도 있습니다. 가족 모두가 힘든 시간을 보내고 있다는 사실을 기억하고, 자신의 감정을 수용하면서 어린 반려인들에게도 도움을 줄 수 있기를 바랍니다.

**보냄을 위한 서약서 쓰기**

당신의 반려동물을 떠나보내기 전까지 그 시간을 불안과 두려움으로
만 가득 채우지 않기 위해 우리는 '사별'이 일어날 것임을 보다 능동적
으로 피하지 않고 마주해야 합니다. 우리의 삶은 유한하고, 때로는 고
통스러운 시간이 찾아올 수도 있음을 인지하고 있어야 합니다.
아래의 서약서는 그러한 이별에 마주할 용기를 줄 것이며, 한편으로는
우리가 마지막까지 진심으로 반려동물을 위해 고민하고 선택과 결정
을 내리겠다는 다짐이 될 것입니다.

> '보냄'을 위한 서약서
>
> 1. 나 _____는/은 나의 반려동물의 삶이 유한함을 인식하
>    고 있습니다.
> 2. 나는 나의 반려동물이 한때는 즐겁고 행복한 시간을 보냈지
>    만, 현재는 고통스러운 삶의 마지막 순간을 보내는 중일 수도
>    있음을 알아차릴 수 있습니다.
> 3. 나는 나의 반려동물이 다음과 같은 행동들을 보여줌으로써,
>    그들이 현재 고통 받고 있으며, 어쩌면 떠나야 할 시간이 다

가오고 있음을 알린다는 사실을 알고 있습니다.

(예를 들어, 간식이나 이름 부르기 등에 반응하지 않음, 빈번한 발작 증상 등)

1)
................................................................................................

2)
................................................................................................

3)
................................................................................................

4)
................................................................................................

5)
................................................................................................

4. 나는 반려동물이 삶의 마지막 순간을 고통과 슬픔으로 보내지 않도록 하게끔 노력할 것을 약속합니다.

5. 나는 반려동물이 끔찍한 고통을 받고 있으며, 삶의 질을 향상시킬 수 없다고 판단되는 경우에 그들이 존엄한 죽음을 맞이할 수 있도록 도울 것입니다.

일시:          년      월      일

이름 :                    (서명)

# 안락사를 권유받았어요

## : 반려동물의 안락사

### 상담 노트 #6

| | |
|---|---|
| **내담자** | 윤지혜(여, 30) |
| **반려동물** | 총총이(러시안 블루, 수컷, 21살) |
| **특이사항** | 간 손상 및 경련 증상 등으로 인해 반려묘 안락사를 권유받고 불안감과 죄책감에 시달리고 있음 |

# 안락사를
# 결정하기까지

●  "수의사 선생님께 안락사를 권유받았습니다. 총총이
    의 경련 주기도 늘고, 호흡도 힘들어할 때가 많아 머
    리로는 이해가 되지만 안락사가 최선인지 모르겠어
    요. 결정이 고통스럽습니다."

세상 모든 생명이 그러하듯 반려동물도 나이가 들고 질병에
걸립니다. 과학의 발전에 따라 수의학도 함께 발전하면서 반려
동물의 질병도 점점 정복되고 있고, 수명도 점차 늘어나고 있
죠. 참 다행입니다.

하지만 안타깝게도 반려동물의 수명이 늘어났다고 하더라
도, 그들이 사람보다 빨리 나이 드는 것을 피할 수는 없습니다.

종에 따른 유전적인 취약성도 많아 회복할 수 없는 질병에 걸리기도 쉬운 편이고요.

## 누가, 언제 결정하는가
○

반려동물의 고통을 덜어주기 위하여 어쩔 수 없이 안락사를 고려해야 하는 날이 찾아오기도 합니다. 제 첫 반려견이었던 다롱이도 무지개 다리를 건너기 1년 전쯤 안락사 권유를 받았습니다. 하지만 10살밖에 안 된 반려견을 차마 떠나보낼 수 없어 그 권유를 거절했지요. 그런데 그로부터 1년여 후 다롱이가 몹시 고통스럽게 떠나는 모습을 보고 나니, 그때 권유를 받아들여 안락사하는 게 낫지 않았을까 후회하기도 했습니다.

많은 반려인은 안락사를 부정적으로 생각합니다. 자신이 반려동물을 너무 일찍 포기하고, 그들의 삶을 함부로 결정하는 게 아닌지 많이 걱정하죠. 입에 담기 두렵지만, 반려동물과 함께 사는 우리가 반드시 고민해야 하는 문제인 안락사에 대해 지금부터 이야기하려 합니다.

얼마 전 유튜브에서 본 어떤 남자분과 반려견의 영상이 기억납니다. 반려견은 안락사를 앞두고 있었습니다. 영상 속의 남성은 담담하게 웃거나 반려견과의 추억을 이야기하며 즐거워하는 모습을 보여주었죠. 안락사를 앞둔 반려견의 불안을 덜어주기 위한 것인지 혹은 다가오는 이별을 두려워하고 있음을 다른 사람들에게 보이고 싶지 않았기 때문인지 모르겠습니다. 그러나 안락사가 시작되자 담담해 보였던 남성은 울음을 터트리며 주저앉아 반려동물의 얼굴에 자신의 얼굴을 파묻고 흐느꼈습니다.

반려동물을 고통으로부터 해방해주기 위한 안락사라고 해서 그들을 떠나보낸 뒤 반려인이 느끼는 슬픔이나 아픔이 줄어들지는 않습니다. 당연한 일입니다. 반려동물의 안락사는 슬픔뿐만 아니라 죄책감을 불러일으키기도 합니다.

'너무 빨리 안락사를 결정했던 게 아닐까?'

'살릴 수 있었는데 내가 반려동물의 삶을 빼앗은 건 아닐까?'

'내가 반려동물과 함께할 수 있는 시간을 없앤 거 같아.'

반대로 안락사를 결정하지 못했던 것에 죄책감을 느끼기도 합니다. 자신이 안락사를 결정하지 못하고 망설이는 동안에 반려동물이 고통스러운 시간을 보냈으며, 반려동물을 고통 속에서 죽게 했다는 죄책감 말이죠.

이런 죄책감의 공통점은 무엇일까요? 바로 '안락사의 시기가 적절했는가'와 관련된 문제라는 점입니다.

안락사의 적절한 시기는 누가 알 수 있을까요? 반려동물의 건강을 책임지고 그들이 회생 가능한 상태인지 아닌지를 판단할 수 있는 수의사 선생님일까요? 아니면 반려동물과 가장 깊은 교감을 나누고 그들의 언어를 누구보다 잘 이해하며 옆에서 가장 오래 지켜본 반려인일까요? 혹은 반려인이 그들을 떠나보낼 준비가 되었으며 그들이 죄책감을 가장 적게 느끼는 상태임을 알 수 있는 정신 건강 전문가일까요?

제가 답을 알고 있다고 기대했다면 죄송하지만, 그 답은 아무도 모릅니다. 다만 반려인이 안락사 시점이 다가오고 있음을 인식할 수 있는 신호들은 존재할 수 있습니다. 반려인이 생각하고 있던 몇 가지 기준이 충족됐다든지, 혹은 마지노선이라고 생각했던 일이 벌어졌다든지 말이죠. 예를 들어, 반려견이 더 이상 사료를 먹지 않고, 간식에도 관심을 보이지 않으며, 산책하러 나가자는 말에도 반응을 보이지 않는 상태라면요. 가만히 누워 있는 것도, 숨을 쉬는 것도 힘들어한다면요.

반려동물의 삶이 행복을 영위하기 위한 기준을 밑돌고 있다고 느껴지면 안락사를 고려하지 않을 수 없을 것입니다.

## 모두가 함께 준비하는 것

○

안락사를 결정할 때 가장 중요한 부분은 반려인과 반려동물 사이의 유대감입니다.

반려동물이 노령이고 질병을 앓고 있더라도 반려동물과 우리가 유대감을 나누는 데는 큰 문제가 되지 않습니다. 우리는 여전히 그들의 눈빛에서 무언가를 읽을 수 있습니다. 낮게 그르렁거리는 소리에서, 희미하게 낑낑대는 소리에서 그들이 무엇을 말하고자 하는지 느낄 수 있습니다. 반려동물은 자신이 말하고자 하는 바를 온몸으로 표현하고 있으며 우리는 그것에 귀를 기울여야 합니다.

그들과 소통하면서 이별의 시간을 결정하는 데 그들의 의견을 구하고 도움을 받을 수 있습니다. 물론 반려동물은 안락사를 결정하기 이전에 반드시 동물병원에서 정밀한 검사를 받아야 하고, 그에 대한 수의사 선생님의 소견을 받아야 합니다. 그들이 정말 회생할 가능성이 없는지를 반드시 확인하고 거듭 확인해야 합니다.

예를 들어, 반려동물에게 반복적으로 나타나는 발작 증상이 있는지, 방향을 잃고 헤매는 모습을 보이는지, 마비 증상이 나타나거나 하는지 등을 확인해야 합니다. 이는 안락사를 고려해야 할 특정한 의학적 징후가 될 수 있기 때문이죠.

이렇게 반려동물의 이상 징후를 꼼꼼하게 적어놓고, 수의사 선생님과 논의해야 합니다. 증상이 나타나는 횟수나 지속 시간, 언제 어떻게 증상이 나타나는지를 자세히 적어놓을수록 좋습니다. 수의사 선생님에게 관찰과 기록이 필요한 증상은 어떤 것이 있는지 미리 물어보고 적어도 좋겠지요. 이러한 증상들이 점점 빈번해진다면 안락사의 시점이 다가오고 있다는 사실을 조금씩 받아들여야 할지도 모릅니다.

그렇게 적어놓은 기록들이 반려동물의 삶이 고통스러워지고 있다는 객관적인 증거가 될 수 있을 겁니다. 다가오는 이별을 받아들이는 데 도움이 될 수도 있고요.

반려동물 안락사는 수의사 선생님과 반려인 혹은 가족들이 함께 결정해야 합니다. 때로는 펫로스에 대한 준비 상담을 진행한 정신 건강 전문가도 결정 과정에 참여할 수 있겠지요.

의학적 소견과 반려동물이 전하는 메시지 혹은 정신 건강 전문가의 의견을 종합하여 안락사 시점을 결정했다면, 이제는 떠나보낼 준비를 할 차례입니다.

반려동물과의 이별을 준비하는 것에 대한 내용은 다섯 번째 상담에서 이미 이야기했죠. 펫로스를 준비하는 데 중요한 점은 다음과 같습니다. 펫로스가 일어날 것이고, 우리의 삶은 이전과는 달라질 것이며, 우리에게는 이러한 변화에 적응할 시간이 필요하다는 것. 그 적응 과정은 힘들고 고통스럽겠지만, 우리는 점차 이별을 슬프지만 아름답게 기억할 수 있다는 사실을 명심해야 합니다.

## 안락사 전에 우리가 해야 할 일
○

안락사의 시기를 결정했다면, 반려동물과의 이별을 함께할 다른 가족들에게 연락해주세요. 함께 반려동물을 키웠지만 현재는 따로 사는 가족들이 있다면, 그들에게 연락을 취해야겠죠. 부모님과 같이 살다가 분가하면서 반려동물과 떨어져 지내는 경우가 종종 있으니까요. 그 밖에도 함께 키웠거나 인연이 있어 반려동물과 가족처럼 친구처럼 지내던 사람들이 있다면, 반려동물의 마지막을 같이하고 싶어 하는 사람들이 있다면, 안락사를 결정했을 때 소식을 알리는 것이 좋습니다.

반려동물에게 들려줄 마지막 메시지를 준비해주세요. 안락사를 바로 진행하는 게 아니라면, 충분한 시간을 갖고 반려동물과 많은 이야기를 나눌 수 있을 것입니다.

천천히 반려동물과 함께했던 시간을 되짚어보며 고마운 기억, 미안한 기억, 아름다운 기억을 떠올려보세요. 그리고 메시지를 작성합니다. 고마웠던 것에는 그들에게 감사하는 내용을, 잘못했던 것에는 진심으로 사과하고 용서를 구하는 내용을 담아주세요. 특히 함께했던 추억을 영원히 아름답게 간직할 것이라는 이야기를 해주면 더 좋을 것입니다.

반려인뿐만 아니라 이전에 반려동물과 함께했던 가족이나 친구들도 마지막 메시지를 준비하고 이야기를 해줄 수 있도록 배려하고요. 떠나는 마지막 순간까지 같이하며 많이 쓰다듬어주고, 사랑했고 미안했고 고마웠다는 말을 아낌없이 해주세요.

제가 수의학적 지식이 많지는 않지만, 안락사의 과정은 이렇습니다.

동물병원에서는 안락사 전에 먼저 진정이나 마취를 위한 성분이 든 주사제를 먼저 주입합니다. 그 뒤에 주입될 근육이완제가 주는 고통을 최소화하여 반려동물의 심장이 멎는 순간까지 평온하게 떠날 수 있도록 하기 위함이겠지요.

고통 없는 안락사를 위해서는 반드시 동물병원을 찾아서 면

허를 가진 수의사 선생님의 정확한 전문적 처치를 받아야 합니다. 간혹 동물병원이 아닌 다른 곳을 찾아가 잘못된 방법을 선택하는 이들도 있습니다. 특히 질식과 같은 방법을 사용하거나 마취 없이 근육이완제만을 주사하는 등 고통스러운 방법을 통해 죽음을 맞이하는 반려동물도 있다고 알고 있습니다.

고통스러운 죽음은 안락사라고 할 수 없습니다. 가장 큰 문제는 반려동물이 사망 당시에 회생 가능한 상태였을 수도 있다는 점이지요. 따라서 안락사를 고민 중이라면, 반려동물의 마지막 순간이 평온하고 고통스럽지 않기를 바란다면, 반드시 수의사 선생님을 찾아가기를 바랍니다.

# 우울감에 맞서기

사별 경험에 익숙해질 수 있는 사람은 아무도 없습니다.

반려동물과 이별을 경험한 사람들은 누구나, 그게 첫 번째
이별이든, 몇 번째 이별이든 우울감을 경험하게 됩니다. 이는
지극히 자연스러운 감정이며, 우리가 애도하며 마주해야만 하
는 감정이기도 합니다.

하지만 우울감이 심해져 우울증의 수준에 도달했을 때는 그

저 이것이 정상적인 감정이라고 수용하는 것 이상의 대책이 필요합니다. 앞서 그 방법으로 애도 과정과 인지치료적 개입을 이야기했습니다.

## 충분히 슬퍼하고 일어나기

○

우울을 극복하려면 내 마음뿐 아니라 일상생활과 몸에도 신경을 써야 합니다.

펫로스 이후에 우울과 무기력이 찾아오면, 우리는 자기 자신을 돌보는 데 소홀해지기도 합니다. 때로는 나 자신을 돌보는 것조차 죄책감이 들기 때문에 의도적으로 소홀해지는 것이지요. 건강하지 않은 음식으로 한 끼를 때우거나 끼니를 거르는 일이 잦아지고, 술에 의존하는 분들도 있습니다. 위생 관리에 소홀해지기도 하고, 하루의 대부분을 침대에서 무기력하게 보내기도 합니다. 해결해야 하는 문제들이 있음에도 불구하고 처리하지 않거나 미루기도 하지요.

누구나 사별 초기에 이렇게 생활 패턴이 망가지는 경험을 합니다. 하지만 계속해서 그 상황에 빠져 있으면 펫로스를 치유하기 힘들어집니다. 그럴 때일수록 오히려 나 자신을 어떻게 돌볼 것인지, 어떤 행동을 해나가야 할 것인지 계획해보아야 합니다.

하루에 한 번은 샤워를 하고, 밖에 나가지 않더라도 옷을 차려 입어봅시다. 매일 집 안에만 있을 게 아니라 잠깐이라도 산책하러 나가고, 일기를 써보거나 그림을 그리는 등의 간단한 취미 활동을 해봅시다. 맛있고 건강한 음식을 챙겨 먹는 노력도 필요합니다.

술은 좋은 해결책이 되기 힘듭니다. 알코올은 직업적, 대인 관계적 문제로 이어져 오히려 우리의 삶을 더욱 황폐하게 만들 수 있습니다. 기분 전환이나 안정을 위해 술을 마시는 대신에 향이 좋은 차를 마시거나 저카페인 커피를 마시도록 노력해봅시다(고카페인 음료는 정상적인 수면을 방해하고 긴장도를 올릴 수 있으므로 권하지 않습니다).

이처럼 정상적인 삶으로 돌아가고자 하는 노력은 사별과 관련된 감정 그리고 내가 펫로스 증후군에 무너져 예전으로 돌아갈 수 없을 것이라는 생각에서 벗어나도록 도와줄 것입니다. 이런 노력이 펫로스 이후의 새로운 상황에 적응하도록 나를 도와주고 변화시킬 수도 있죠.

## 우울은 분위기를 탄다

○

    우리가 기분을 느끼는 것은 뇌의 신경전달물질에 의한 것입니다. 다양한 신경전달물질은 희로애락과 같은 감정뿐만 아니라 학습이나 기억, 활동에 영향을 미칩니다.

    그중에서 세로토닌이라는 신경전달물질은 우울증과 상당한 관련이 있습니다. 어떤 현상으로 인해 우리 뇌 안의 세로토닌이라는 신경전달물질이 부족해지거나 흡수가 제대로 일어나지 않으면 우울한 기분을 느끼게 됩니다.

    우울증에 처방하는 약물은 이 세로토닌의 작용을 원만하게 해줍니다. 그런데 우울에 영향을 미치는 신경전달물질, 세로토닌은 약물로만 변화시킬 수 있는 것은 아닙니다.

    우울에 빠지지 않기 위해 실천할 수 있는 방법들을 알려드리겠습니다. '우울증에는 햇빛을 쐬는 것이 좋다'는 말을 한 번쯤 들어보셨을 것입니다. 따사로운 봄날에 햇볕을 쬐고 있으면 마음도 편안해지고 막연한 행복감이 들기도 하지요. 단순히 온기를 느끼기 때문에 우울증에 좋은 게 아닙니다.

    다양한 연구를 통해 햇볕을 쬐는 것이 세로토닌의 증가와 관련 있음이 밝혀졌습니다. 특히, 세로토닌을 증가시키는 데는 어중간한 빛보다 밝은 빛이 효과적입니다. 실내의 빛은 한정적일 수밖에 없으니, 바깥에서 햇빛을 쐬는 것이 가장 효과적일 것입니다. 반려견이 생각난다고 산책을 피하지 말고, 밖으로 나가보면 좋겠습니다.

우울은 분위기를 탑니다. "난 분위기에 약한 편이야"라는 말을 들어본 적 있나요? 우리뿐 아니라 세로토닌도 분위기에 약한 편입니다. 긍정적인 분위기를 조성하는 것만으로도 세로토닌 증가에 도움이 된다는 연구 결과가 있습니다.

집의 인테리어를 밝은색으로 바꾸는 게 도움이 될 수 있습니다. 밝은색 커튼을 달아보거나, 소파 덮개나 쿠션 등 색깔도 화사하게 바꿔보는 식으로 말이죠. 반려동물의 물건들이 있던 자리가 비어 보인다면 예쁜 화분을 들여놓는 것은 어떨까요? 그 식물에 의미를 부여해볼 수도 있을 것 같습니다. 화초를 가꾸면서 산뜻한 기분을 느끼는 것과 더불어 생명을 다시 돌본다는 느낌을 받을 수도 있을 테니까요.

인테리어를 바꾸는 것보다 더 쉬운 방법도 있습니다. 좋아하는 음악이나 향으로 분위기를 밝게 만드는 것이죠. 저는 개인적으로 느린 템포의 재즈 음악을 틀어놓고, 스탠드 조명을 켜고, 은은한 커피 향이 나도록 커피 한 잔을 타놓으면, 기분이 많이 나아지는 것을 느낍니다. 이처럼 기분을 좋게 하는 밝은 분위기의 클래식이나 가요를 틀어놓거나, 좋아하는 꽃을 한 다발 사서 방 안에 두는 것, 좋은 냄새가 나는 향초를 방 안에 피워두는 것도 충분히 긍정적인 분위기를 만들어줄 수 있습니다.

적당한 운동은 우울증 치료에 필수라고 해도 과언이 아닙니다. 운동은 세로토닌 증가에 도움을 준다고 알려져 있습니다. 암, 비만, 골다공증, 척추 건강 등 신체적 문제뿐만 아니라 우울증과 같은 정신 건강까지 도움을 준다니 운동은 그야말로 만병통치약이라고 할 수 있겠습니다. 특히 유산소 운동이 효과적이라고 합니다. 자전거 타기, 조깅, 스쿼시와 같은 운동뿐만 아니라 조금 빠르게 걷기와 같은 활동 또한 우울증 치료에 도움이 될 수 있습니다.

조깅을 나가고 싶지만, 반려견과 함께했던 기억 때문에 집 주변의 길을 걷거나 뛰는 것이 망설여질 수도 있습니다. 그렇다면 무리해서 그 산책길을 다시 걷지 않으셔도 됩니다. 다른 운동을 할 수도 있고 헬스장에 가서 러닝머신 위를 뛰어도 좋죠. 그렇게 우울감을 몰아낸다면 언젠가 반려견과 함께했던 그 길을 다시 걸을 수 있을 것입니다.

중요한 것은 운동은 꾸준하고 계획적으로 이루어져야 한다는 점입니다. 그러기 위해서는 처음부터 너무 큰 목표를 잡지 말고 운동량을 천천히 늘려나가는 게 좋습니다. 처음부터 1시간 자전거 타기를 목표로 잡는다거나, 매일 30분씩 조깅 시간을 늘려간다거나 하면 운동에 흥미를 잃을 수 있죠. 신체적으로도 무리를 줄 수 있고요.

적당한 운동은 약이 되지만, 좋은 약은 입에 쓰고, 맛이 쓰면 먹고 싶지 않아집니다. 너무 쉽다고 생각되는 수준에서부터, 나의 수준에 맞는 선에서부터 천천히 운동을 시작해봅시다.

그리고 우유를 마시는 것이 우울감을 해소하는 데 효과적일 수 있다는 연구들도 있습니다. 2017년에 이와 관련된 흥미로운 기사가 났었는데요, 일본 도호쿠 대학 나가토미 료이치 교수가 저지방 우유나 요구르트를 자주 먹으면 우울한 기분이 완화된다는 연구 결과를 발표했습니다. 우유에 있는 단백질은 다른 단백질보다 트립토판이 많이 함유되어 있으며, 이는 우울과 관련된 신경전달물질인 세로토닌 증가에 도움이 된다고 알려져 있지요. 다만, 과도한 우유의 섭취는 고지혈증 등의 이차적인 문제로 이어질 수 있으니 역시 하루 권장량만큼 마시는 게 제일 좋겠습니다.

우울에 맞서려면, 무엇보다 긍정적인 생각과 에너지가 필요합니다. 다양한 활동을 통해 펫로스에 대한 생각이나 우울에 몰두하는 것을 막고 일상으로 돌아가기 위해 노력한다면, 우울을 더 빨리 이겨낼 수 있을 것입니다.

# 다시 행복해질 수
# 있을까?

"일부러라도 햇볕을 쬐고 음식도 챙겨 먹었더니 조금 괜찮아진 것 같아요. 하지만 총총이 없는 삶에 적응하는 게 죄스러워요. 절 사랑해주던 총총이는 떠났는데, 제가 일상을 회복하고 행복해져도 될까요?"

'애도'라는 단어를 떠올렸을 때, 어떤 감정이 떠오르나요? 저에게도 역시 '슬픔'이라는 감정이 가장 먼저 떠오릅니다. 사별 이후에 우리가 가장 많이 느끼는 감정이기도 하고요. 그래서 애도란 기본적으로 사별한 대상에 대한 슬픔이라는 감정을 다루는 행위라고 볼 수 있겠습니다.

하지만 애도에서 경험할 수 있는 감정은 '슬픔'만이 아닙니다. 우리가 이 책의 앞부분에서 배웠듯이, 애도에는 여러 가지 감정들이 복합적으로 존재합니다. 특히, '희망', '행복', '편안함'이라는 긍정적인 감정들도 애도에서 느낄 수 있는 자연스러운 감정이지요.

나를 집어삼킬 것 같았던 우울감에서 조금은 벗어나고, 조금은 '괜찮아졌다'라는 말을 나 스스로 할 수 있을 정도로 안정된 상태가 되기도 하며, 저 멀리 구석에 미루어뒀던 '행복감'이라는 감정을 다시 꺼내보게 되는 것도 어쩌면 너무도 당연할 수 있습니다. 일상생활에서 해내지 못하고 무너졌던 것들을 다시 돌아보고 하나씩 해결할 수도 있고, 친구들이나 가족들과 다시 함께 만나 떠나간 반려동물에 대해 이야기하거나 반려동물과 관련되지 않은 이야기를 나누며 울고 또 웃으며 시간을 보낼 수도 있을 겁니다.


## 애도의 본질은 슬퍼하는 것이 아니다
○

'다시 일상으로 돌아간다.' 이게 정말 그렇게 비정상적인 일인 걸까요?

때로는 '나아지고 괜찮아졌다'는 점에 죄책감을 느끼고 다시 슬픔으로 돌아가고자 하는 분들이 있습니다. 우리가 행복감과 따스함을 밀어내고, 다시 슬픔으로 돌아가 우리를 깊은 어둠으로 들여보내는 것이 과연 맞는 행동일까요? 물론, 준비가 되지 않은 상태로 슬픔의 동굴에서 빠져나오는 것이 시기상조일 때도 있습니다만, 애도의 본질은 아프고 괴로운 것에만 있는 것이 아닙니다.

만약 애도의 본질이 괜찮아지지 않는 것이라면, 모든 사별을 경험한 사람들은 우울감과 죄책감에 지속적으로 빠져 있어야 합니다. 우리 세대 이전의 사람들과 그 이전 세대의 사람들, 거슬러 올라가 몇백 년 몇천 년 전의 사람들은 모두 사별을 겪었습니다. 그런데 왜 우리는 애도를 하며 사별을 극복해내고, 고인을 기억하고 추모하면서도 다시 자신의 삶을 살아나가게 되었을까요?

어쩌면 진화적으로 우리의 DNA 안에 애도를 극복하는 힘이 내재되어 있기 때문일지도 모릅니다. 슬픔과 죄책감에서 빠져나와, 조금은 기력을 회복하고 움직일 수 있어야 음식을 먹거나 물을 마실 수 있었을 테고, 그렇게 조금씩 나아져야 사냥도 채집도 할 수 있었을 것이며, 궁극적으로 사별을 극복하고 생존해낼 수 있었을 것입니다. 우리는 그렇게 진화해왔습니다. '적응'과 '회복'은 결코 나쁜 것이 아닙니다. 당신이 괜찮아지고 있는 이유는 이기적이어서 혹은 반려동물에 대한 사랑이라는 감정이 적거나 그걸 잊어버려서가 아닙니다. 우리는 그저 사별을 극복할 수 있도록 태어났기 때문에 괜찮아지는 거지요.

## 당신은 충분히 행복해질 자격이 있다
○

상담 오신 분들께 이런 질문을 종종 듣습니다.
"반려동물이 죽었는데 제가 행복해져도 될까요?"

제 대답은 이렇습니다.
"네, 행복하셔도 됩니다."

무심코 산책 줄을 잡았는데 반려견이 너무 좋아해서 마음에 내키지 않았지만 반려견을 위해 산책하러 나갔었나요? 네, 그러면 행복하셔도 됩니다. 반려묘가 사료를 잘 안 먹어서 입맛에 맞는 사료를 찾을 때까지 며칠 동안 고민하며 찾아본 적이 있나요? 네, 행복하셔도 됩니다. 내 몸이 아플 때는 병원에 안 가면서 반려견 예방 접종 때문에 꼬박꼬박 동물병원에 갔었나요? 네, 행복하셔도 됩니다. 밤이 늦어 졸려 죽겠는데도 반려묘를 위해 낚싯대를 힘차게 흔들어본 적이 있나요? 네, 당신도 행복하셔도 됩니다. 내가 반려동물에게 해준 거라고는 고작 데리고 와서 죽기 전까지 돌봐준 것뿐인가요? 물론, 당신도 행복하셔도 됩니다.

당신은 수년 혹은 수개월 동안 반려동물을 돌봐주었습니다. 그들이 굶지 않게 사료를 대접했으며, 심심하지 않게 함께 산책을 했습니다. 맛있는 간식도 주었고요. 아플 때는 병원에 데려가고 옆에서 간호하기도 했습니다. 털 알레르기가 있는데도 약을 먹어가면서 그들을 돌보았습니다. 새벽마다 일어나서 약을 챙겨 먹였습니다. 마지막 순간까지 그들이 외롭지 않도록 해주고자 노력했습니다.

우리는 죽음을 받아들이기 힘들어했습니다. 이 모든 게 꿈이었으면 좋겠다고 생각하고 또 기도했습니다. 그들을 볼 수도 만질 수도 없는 현실에 슬퍼했습니다. 더 아껴주지 못했음을 미안해하기도 했습니다. 어떤 날에는 감당하기 힘든 죄책감이 몰려와 사무치기도 했습니다. 지난 시간을 돌리고 싶었습니다. 그들의 죽음을 둘러싼 모든 것에 분노하기도 했고, 또 다른 죽음이 일어날까봐 두려워하기도 했습니다.

그런 아픔 속에서 조금씩 현실을 인정하기 시작했습니다. 여전히 그리움과 슬픔은 남아 있지만, 죄책감과 노여움은 줄어들었습니다. 잘못했던 점도 있지만 잘해주었던 것도 있음을 기억해냈습니다. 그들의 죽음이 우리에게는 고통스러웠지만, 어쩌면 그들의 고통을 없애준 것일 수 있다는 사실도 알았습니다.

모든 추억이 고통스럽게 느껴졌지만, 몇몇 추억은 아름답게 느껴지기도 했습니다. 그리고 조금씩 행복과 희망이 생기기 시작했습니다. 하지만 이러한 행복과 희망을 품어도 되는지 의문이 듭니다. 떠나간 반려동물의 죽음과 고통을 배반하는 것은 아닌지 두렵기도 합니다.

## 떠나간 반려동물이 내 모습을 본다면
○

반려동물이 떠나고 우리는 삶의 이정표를 잃어버리기도 합니다. 어디로 가야 할지, 여기가 어디인지도 알 수가 없습니다. 목표가 사라진 삶은 방향을 잃고 헤맬 뿐, 뿌리를 내리지 못한 나무처럼 불안정하기만 합니다.

하지만 우리가 길을 잃어버린 그 순간에도, 우리가 지금까지 걸어오면서 남긴 발자국은 남아 있고, 이것이 우리에게 도움을 줄 수 있습니다. 어떤 것은 희미하기도 하고 어떤 것은 뚜렷이 보이기도 합니다. 지금 어디쯤 와 있는지는 그 발자국만 보고 알 수 없을 것입니다. 하지만 우리가 어떤 방향으로 나아가고 있었는지는 확인할 수 있습니다.

때로는 더 깊은 어둠으로 들어가고 일상과 행복에서 멀어졌을지도 모릅니다. 하지만 다시 원래의 방향으로 돌아오고자 노력해왔습니다. 우리는 행복과 희망이라는 방향으로 나아가고 있습니다.

내 안의 소리에 귀를 기울여보세요. 나는 어떤 사람인가요? 그리고 어떤 사람이 되고 싶은가요? 펫로스 전의 나는 따뜻한 온기가 있는 사람이었고, 원하는 것들을 모두 이루지는 못했지만 작은 성취를 이어가며 살아왔습니다. 잠시 삶의 온기는 식고, 실패가 이어졌을지도 모릅니다. 하지만 다시 마음은 따뜻해지고, 작지만 변화도 일어나기 시작했습니다. 우리는 그 변화를 삶 속에 받아들이는 중입니다.

반려견 다롱이를 떠나보내고, 저 또한 목표를 잃고 지냈습니다. 그저 삶이 나아가는 대로, 발걸음이 걸어가는 대로 따라가기만 했을 뿐이지요. 심리학을 공부하고, 병원에서 수련을 받고, 전문가로 일해오면서도 내가 어디로 가고 있는지는 몰랐던 것 같아요.

그러던 중 반려묘 아론이를 만났고, 아론이는 다롱이와 저의 추억을 떠올리게 했습니다. 펫로스 증후군에 대해서 공부하고 펫로스 심리 상담을 하는 계기가 되어주었죠. 어쩌면 다롱이를 떠나보낸 저의 펫로스 경험은 저에게 삶의 목표를 설정하도록 도와준 것일지도 모릅니다.

다롱이가 제게 그랬던 것처럼 반려동물은 우리에게 살아가야 할 목표를 알려주기도 합니다. 그들은 우리가 슬픔에 잠긴 채 남은 삶을 보내기를 원하지 않습니다. 그들은 우리가 행복하기를 바라고 있으며 새로운 삶의 목표를 찾기를 바라고 있을 것입니다.

우리는 목표를 생각할 때, 항상 거창한 목표를 떠올려야 한다는 압박감을 받습니다. 하지만 삶의 목표가 꼭 거창해야 하는 건 아닙니다. 어떤 시험에 통과하는 것, 어떤 직장에 들어가는 것, 혹은 어떤 자격증을 따는 것 등을 흔히 우리는 삶의 목표라고 말하지만, 저는 목표가 꼭 어떤 가시적인 성취와 관련될 필요는 없다고 믿습니다. 인간관계의 폭을 좀 더 넓히는 것, 삼시 세끼 밥을 굶지 않고 사는 것, 남들처럼 평범하게 사는 것도 삶의 목표가 될 수 있습니다. 물론 남들처럼 평범한 삶을 사는 것이 가장 어려운 세상이지만요.

반려동물과 관련된 삶의 목표를 다시 정해본다면 어떤 목표들을 세울 수 있을까요?

먼저 제 경우와 같이, 저와 비슷한 경험을 한 사람들을 도와주는 것이 삶의 목표가 될 수 있겠지요. 전문 상담사가 되지 않더라도, 살면서 가족이나 친구가 비슷한 경험을 했을 때, 펫로스를 극복한 나의 경험이 그들에게 큰 도움이 될 수 있을 것입니다. 혹은 멸종 위기에 처한 동물들을 후원하거나 동물 보호소에서 봉사활동 하는 것을 목표로 삼아볼 수도 있지요. 이러한 목표는 다른 생명을 구할 수 있다는 점에서 우리의 삶을 바꿔줄 수 있습니다.

반려동물은 떠났습니다. 우리는 이제 그것을 온전히 받아들이고 있습니다. 애도는 어쩌면 평생 진행될 수도 있겠지만, 그리움과 슬픔도 가끔씩 내 삶을 찾아오곤 하겠지만, 인생은 계속됩니다.

잠시 우리는 앉아 쉬어야 했습니다. 이제 다 쉬었다면 엉덩

이에 묻은 흙을 털어내고, 목표를 이루기 위해 혹은 나만의 목
표를 찾아서, 삶을 살아가봅시다. 당신에게는 충분히 그럴 자
격이 있습니다.

나의 루틴 일지 작성하기

저절로 좋아지는 심리적 문제는 없습니다. 이 책을 읽으며 감정적 어려움으로부터 조금은 벗어났다면, 이제는 일상의 건강한 루틴을 만들어볼 차례입니다. 특히, 자외선에 노출되기, 가벼운 운동, 위생 관리, 건강한 음식 섭취 등에 대한 일지를 작성해보고, 반드시 실천하도록 노력합시다.

예시  나의 루틴 일지

| 해야 할 일 | 7/1 | 7/2 | 7/3 | 7/4 | 7/5 | 7/6 | 7/7 | 7/8 | 7/9 | ··· |
|---|---|---|---|---|---|---|---|---|---|---|
| 아침에 샤워하기 | ○ | × | ○ | × | | | | | | |
| 10분 이상 가볍게 운동하기 | ○ | ○ | ○ | × | | | | | | |
| 30분 이상 햇볕 쬐기 | ○ | △ | ○ | × | | | | | | |
| 한 끼는 건강한 음식 먹기 | ○ | ○ | ○ | ○ | | | | | | |
| 가족, 친구와 짧게 통화하기 | ○ | ○ | ○ | ○ | | | | | | |

※ 나의 루틴 일지 써보기

| 해야 할 일 | / | / | / | / | / | / | / | / | / | / |
|---|---|---|---|---|---|---|---|---|---|---|

- ✅ 펫로스 위로와 공감
- ✅ 펫로스 상담
- ✅ 펫로스 모임 참여

# 어떻게 위로할 수 있을까요?

## : 함께 나누는 펫로스

**상담 노트 #7**

| | |
|---|---|
| **내담자** | 정태훈(남, 22) |
| **특이사항** | 비반려인으로 최근 펫로스를 경험한 친구가 힘들어해 어떻게 도와줘야 할지 몰라 어려움을 겪고 있음 |

# 반려인 친구를
# 위로하고 싶어요

●      "친구가 오랫동안 키우던 반려견이 무지개 다리를 건
넜습니다. 처음 소식을 들었을 때, 뭐라고 해줘야 할
지 몰라 굳은 모습을 보였더니, 친구가 요즘은 아예
티를 안 내려고 합니다. 힘이 되어주고 싶은데 방법
을 모르겠습니다."


    펫로스를 경험한 반려인을 친구로 둔 사람이라면, 옆에서 무
엇을 어떻게 도와줘야 하는지에 대해 고민해본 적이 있을 겁니
다. 어색한 침묵이 흐르기도 하고, 감정을 주체하지 못하는 친
구를 보며 어쩔 줄 몰라 하기도 하죠.

    반려동물과 함께 사는 사람이라면 펫로스의 마음이 얼마나
고통스러울지 공감할 것입니다. 언젠가 다가올 이별을 떠올리

며 막연한 두려움을 느끼기도 하겠죠. 하지만 반려동물과 함께 살지 않는다면 정확히 그 감정이 어떤지 헤아리기 힘들 수도 있습니다.

하지만 비반려인도 사랑하는 사람과 이별해야 했던 경험을 떠올리며 아픔을 나눠볼 수는 있습니다. 우리 모두가 심리 상담을 전문적으로 하는 상담사는 아니지만, 펫로스를 경험한 반려인을 어떻게 도울지에 대해서 배울 수는 있습니다.


## 공감만으로도 충분한 위로가 된다
○

우선 "펫로스 경험이 없어도 충분히 위로할 수 있다"는 말씀을 드리고 싶습니다. 펫로스를 경험한 반려인과 함께 있을 때, 어떻게 위로해야 할지 고민하는 가장 큰 이유는 반려동물을 잃었던 경험이 없기 때문일 것입니다.

우리는 흔히 같은 경험을 해보지 않았다면, 상대방을 도와주기 힘들 거라고 생각합니다. 하지만 똑같은 경험이 없다고 해서 펫로스를 겪은 반려인을 돕지 못하는 것은 아닙니다. 비슷한 경험이 있을 수 있지요. 반려동물을 떠나보내지는 않았지만, 가족과 사별하고 슬퍼하거나 그리워한 경험이 있을 수 있고 혹은 지인을 떠나보내고 한동안 충격에 빠졌던 적도 있을 수 있습니다. 꼭 사별 경험이 아니더라도 사랑하던 사람과 이별했던 경험이 있을 수도 있고요.

이런 아팠던 기억을 떠올려보면, 펫로스를 경험한 반려인이 어떠한 상태일지, 어떤 감정을 느끼며 힘들어하고 있는지 조금은 헤아릴 수 있습니다. 상대방이 '이러한 생각이나 감정을 느끼고 있겠구나'라고 아는 것만으로 그들에게 무엇이 필요한지 떠올리고 도울 수 있습니다.

만약 반려동물을 떠나보낸 경험이 있다면, 펫로스를 경험한 반려인의 마음을 이해하고 공감하는 게 그리 어렵지 않겠지요. 그들이 무언가를 필요로 하거나 어떤 말이나 해결책을 원하는 것은 아니라는 점을 알 수 있겠죠.

여기서 주의할 점이 있습니다. 우리는 자신에게 비슷한 경험이 있을 때, 본인이 그것을 극복했던 방법을 상대방에게 알려주고자 하는 경우가 많습니다. 상대방이 힘듦을 극복할 수 있기를 바라는 선한 마음에서 일어나는 자연스러운 반응이겠지요. 하지만 "나는 바쁘게 지내니까 좀 나아지더라", "시간이 약이라는 말이 맞아", "비슷한 동물을 입양하니까 좋았어"처럼 자신의 경험을 섣불리 이야기하는 것은 도움이 되지 않을 수 있습니다.

그보다는 "나도 2년 전에 반려견을 보내봐서 네가 얼마나 힘든지 알 것 같아"라는 말이 더 나을 겁니다. 무슨 차이가 있느냐고요? 아주 중요한 차이가 있습니다. '공감'의 유무입니다.

펫로스를 경험한 반려인과 이야기를 나눌 때, 어떤 생각이 드나요? 그들을 돕고 싶고, 위로하고 싶고, 그들의 기분이 빨리 나아지도록 해주고 싶을 것입니다. 인간은 사회적 동물이고, 측은지심은 인간의 본성이니까요.

어색한 침묵은 그들을 고통 속에 내버려두는 것처럼 느껴지고, 내가 그들의 아픔을 방임한다는 생각을 들게 하지요. 그래서 우리는 어떤 말이든 건네려 하고, 그 말이 그들을 위로해주길 바랍니다. 그러다보니 그 말에는 해결책이 있거나 주의를 전환하고자 하는 의도가 들어가지요. 간혹 내 말이 정답인 것처럼 말을 건네기도 하고요.

우리는 앞에서 예로 들었던 것처럼 "시간이 약이다", "죽은 동물은 새로운 동물로 잊힐 것이다", "긍정적인 생각을 하려고 노력해라" 등 해결책을 제시합니다. 혹은 실제로는 도움이 되지 않는 방법을 이야기하기도 하고요. 또 위로하려다보면, 그들이 삶의 밝은 면을 보게 만들려고 애쓰기도 합니다. "그래도 다른 고양이는 아직 젊고 건강하잖아", "그래도 이번에 승진했잖아"처럼 '그래도'라는 단어를 사용하는 말들이 대표적입니다.

이런 말은 펫로스로 힘들어하는 반려인에게 큰 위로가 되지는 않습니다. 오히려 무심코 건네는 이러한 말들이 때로는 반려인들을 더 힘들게 만들기도 합니다. 그들이 가진 삶의 밝은 측면들이 지금 닥친 펫로스 상황에서는 아무 도움이 되지 않기 때문이죠.

반려인에게 진정으로 필요한 것은 해결책이나 어떤 시도가 아닌 공감의 표현입니다. "나는 반려동물을 키워본 적이 없어서 잘 모르겠지만, 작년에 할머니 보내드릴 때 많이 힘들었어. 너는 곁에서 늘 함께 지내던 반려동물이 떠났으니 얼마나 힘들까." "나도 15년을 키웠던 고양이를 작년에 사고로 보냈어. 너는 자꾸 2년밖에 안 키웠다고 하지만 중요한 건 시간이 아니란거 알아. 너도 나처럼 힘든 시간을 보내고 있는 것 같아서 마음이 아프다."

공감은 어떤 '말'이라기보다는 '자세'나 '태도'에 가깝습니다. 상대방이 하려는 말에 진정으로 귀를 기울이려는 태도요. 반려동물을 잃은 사람의 눈으로, 그들이 살아온 방식대로 펫로스라는 현실을 바라보려는 자세라고 볼 수 있지요.

때로는 당사자가 된 것처럼 느낄 수도 있고, 그래서 그것을 지켜보는 나 자신도 힘들고 고통스러워질 수도 있습니다. 내가 과거에 겪었고 혹은 현재에 겪고 있는 아픔을 다시 불러내는 일이기 때문입니다. 하지만 이러한 공감을 통해 반려인은 혼자가 아니라고 생각할 수 있으며, 진심 어린 지지와 위로를 받았다고 느낄 수 있습니다.

## 잘 들어주는 힘
○

상실한 이들에게 해결책보다는 공감이 필요하듯이, 충고보다는 경청이 필요합니다. 대개 펫로스를 겪은 반려인들은 누군가에게 마음 놓고 자신이 현재 겪고 있는 고충을 말하기 힘듭니다.

펫로스에 대한 이야기를 꺼냈을 때, 자칫 자신이 이상한 사람으로 비치거나 분위기를 흐릴까봐, 혹은 상대방의 대응에 상처를 받을까봐 걱정하기 때문입니다. 가족들에게, 친구에게, 지인에게 이러한 이야기를 꺼내는 것이 큰 용기를 필요로 할 수 있습니다. 그러니 그들이 펫로스에 대한 이야기를 꺼냈을 때,

어떤 이야기든지 들을 준비를 하는 것이 중요합니다.

"네가 그렇게 힘든지 몰랐어. 이렇게 우리에게 이야기해줘서 고마워." 이렇게 이해받는 경험은 펫로스로 힘든 시간을 보내고 있던 반려인에게 자신의 감정이나 생각이 정상이라고 느끼게 해주며 슬픔이나 죄책감을 견뎌낼 힘을 줄 것입니다.

그들은 그러한 상황이 안전하고 편안하다고 느끼고, 더 많은 이야기를 꺼낼 수 있을 것입니다. 그동안 자신이 혼자서 차마 마주하지 못하던 기억들에 직면할 수도 있겠죠. 이는 펫로스 애도에 있어서 중요하며, 그들이 펫로스를 극복하는 데 많은 도움을 줄 것입니다.

때때로 펫로스를 겪은 반려인들은 자신의 문제를 객관적으로 파악하기 힘들어합니다. 예를 들어, 심각한 우울증에 빠져서 직장을 잃을 정도거나 신체적 건강까지 위험해질 상황일 수 있지요. 가족과 친구들은 이러한 부분에도 관심을 가져야 합니다. 그리고 그들이 혼자서 극복하기 어려워 보인다면, 전문가의 도움을 받도록 조심스럽게 권유해야 합니다.

펫로스를 경험한 반려인들은 때때로 자신이 심각한 상황에 처했으며, 전문 상담 센터나 정신건강의학과를 찾아야 한다는 사실을 알고 있을지도 모릅니다. 하지만 자신에게 부정적인 낙인이 찍히는 것은 아닐까 두려워하며 망설이기도 하죠. 그럴 때는 심리 상담이란 마치 내과나 한의원에 가서 전문가의 도움을 받는 것과 같으며, 반려동물의 마지막을 함께해준 반려인이라면 기꺼이 이러한 도움을 받을 자격이 있다는 사실을 그들에게 알려주세요.

그들이 전문가의 도움이라는 또 다른 용기를 낼 수 있도록 도와주세요. 그리고 만약 그들이 희망을 잃고 삶을 등지려는 모습을 보인다면, 보다 적극적으로 도와야 합니다. 자살과 관련된 상담을 제공하는 생명의 전화(1588-9191), 보건복지 상담 센터 희망의 전화(129), 자살 및 정신 건강 위기 상담 전화(1577-0199) 등을 알려주시기 바랍니다.

즉시 전문가의 도움을 구할 수 있도록, 본인과 주변 사람들에게 알릴 수 있도록 말이죠. 반려인의 소중한 삶을 구하기 위해서 당신의 용기가 필요할 수 있습니다.

# 펫로스 모임에 나가면
## 괜찮아질까요?

"친구에게 펫로스 모임을 권하는 건 어떨까요? 비반
려인인 저보다 공감해줄 사람들이 많을 것 같은데,
제가 괜한 오지랖을 부리는 걸까요?"

제 상담실에 찾아와 펫로스 상담을 받는 반려인분들이 첫 번
째 상담이 끝나면 자주 하는 말이 있습니다.

"어디서도 이런 얘기를 꺼내지 못했어요."

그만큼 반려동물을 떠나보내고 도움을 구할 곳이 없고, 위로
나 지지를 받기 힘들다는 뜻이겠죠. 그래서 펫로스를 경험한 사
람들은 자신들만의 커뮤니티나 모임을 만들기도 합니다.

## 펫로스 모임의 장단점

○

인간은 사회적 동물입니다. 혼자서는 살아갈 수 없지요. 인간은 서로의 아픔에 공감하고 비통함에 빠진 구성원들과 함께하려는 본능이 있습니다. 그렇기에 비슷한 아픔을 경험한 사람들의 모임이 효과적일 수 있지요.

펫로스를 경험한 사람들의 모임에서 구성원들은 서로 아낌없이 공감하고 위로와 지지를 건넵니다. 그렇다면 펫로스 모임은 정말 효과적이기만 할까요?

우선 펫로스 모임은 자신을 지지해줄 만한 주변인이 많지 않은 반려인에게 도움을 줄 수 있습니다. 진솔하게 아픔을 공유할 수 있는 친구가 적거나 그들과 자주 만나기 힘들 수도 있으니까요. 또 누군가가 옆에서 자극을 주거나 지지를 보내야만 행동을 변화시키는 사람이라면 펫로스 모임을 통해 펫로스를 극복할 힘을 얻을 수 있겠지요.

자기 생각이나 감정이 정상인지 확인하고자 하는 사람들에게도 효과적입니다. 모임 구성원들과 이야기를 나누면서 '나 혼자 이런 경험을 하는 것은 아니구나', '내가 비정상이 아니었구나' 하고 느낄 수 있을 것입니다. "누구나 그렇게 생각해요", "여기 있는 사람들 모두 처음엔 그런 감정을 느꼈었어요"라는 말을 들으면 위로와 공감을 얻을 수도 있고요. 펫로스 모임 안에서 반려인은 친구를 사귀면서 새로운 인간관계를 맺고, 그 속에서 자신을 성장시킬 기회를 얻을 수 있습니다.

하지만 펫로스 모임이 늘 효과적이지만은 않습니다. 이런 모임은 정기적으로 이루어지는 경우가 많은데, 꼬박꼬박 참석하지 못하면 도움을 얻기 힘들 수 있습니다. 자주 참석하지 못하면 모임 분위기에 적응하지 못하고 억지로 흐름을 따라가게 되고, 집단의 유대감을 얻기 어려울 수도 있기 때문입니다.

특히 다른 사람 앞에서 자신의 이야기를 꺼내는 데 부끄러움을 느끼거나 타인의 말에 쉽게 상처받는 성격이라면 이런 모임이 오히려 스트레스나 부담으로 다가올 수 있습니다. 내향적인 성격이라면 개인적으로 비슷한 경험을 한 사람들과 소수 인원으로 만나거나 펫로스 개인 상담을 받아본 뒤에 펫로스 모임에 참석하는 편이 더 효과적일 것입니다.

심한 자살 충동 같은 위기 상황을 경험했거나 타인의 비판이나 평가에 공격적인 언어나 행동을 취하는 등 과민 반응이 예상되는 경우에도 펫로스 모임보다는 개인 상담이 효과적일 수 있습니다.

## 펫로스 모임을 선택할 때의 기준

○

펫로스 모임을 선택할 때 참고할 만한 팁을 알려드리겠습니다. 혹시 펫로스 모임을 만들려고 생각 중이거나 지금 참여 중인 펫로스 모임을 보다 효과적인 모임으로 만들고 싶은 분께도 도움이 될 것입니다.

첫째, 펫로스 모임에는 목표가 있어야 합니다.

펫로스 모임에 참여하는 반려인들의 목표는 대개 비슷합니다. 펫로스를 경험한 반려인이라면 누구나 지금 내게 닥친 펫로스라는 문제가 해결되기를 바랄 것입니다. 우울감이나 죄책감과 같은 부정적인 감정을 줄이고, 일상으로 돌아가 예전처럼 지낼 수 있기를 말이죠. 즉 정상적으로 애도 과정을 마치고, 펫로스 증후군을 극복하는 것이 펫로스 모임의 궁극적인 목표라고 할 수 있습니다. 이렇게 목표가 분명한 모임에 참여하는 것이 좋습니다.

여기에 추가적인 목표도 설정할 수 있습니다. 예를 들자면 이런 겁니다. 현재의 펫로스 증후군을 잘 극복하고 대체물이 아닌 독립적 개체로서 새로운 반려동물을 맞이하여 반려생활을 다시 시작하는 것. 우울감과 무기력감을 극복하고 모임이 끝났을 때는 동물 보호소 등에서 봉사활동을 시작하는 것처럼요. 이렇게 구체적인 추가 목표를 세우면 모임에 참여하여 펫로스를 극복하는 데 조금 더 도움이 될 수 있습니다.

참가자들이 비슷한 펫로스를 경험하였다면 더 큰 도움을 줄 수 있습니다. 펫로스 모임을 만들거나 모임에 참석하면, 다양한 이유로 사별을 경험한 반려인들을 만납니다. 어떤 분은 노화로 펫로스를 경험했고, 어떤 분은 사고로, 또 어떤 분은 본인의 실수로 펫로스를 경험했을 수 있습니다. 이렇게 다양한 펫로스를 경험한 반려인의 모임에서 얻는 것도 분명히 있습니다. 하지만 비슷한 원인으로 펫로스를 경험한 사람끼리 만나고 이야기를 나누는 편이 얻는 게 더 많겠지요.

서로 유대감을 느끼고 공감과 지지를 건네기 쉽기 때문입니다. 이를 '집단 응집력'이라고 합니다. 집단 응집력을 높이면 모임이 주는 긍정적인 영향이 더 커집니다. 특히 펫로스 모임의 목표는 앞에서 말했듯이 무언가를 배우고 경험하기 위함이 아니라 '애도'인 만큼 집단 응집력이 좋은 모임이 더 도움이 됩니다. 비슷한 펫로스 경험에 더해 성별이나 나이 등 공통된 특징을 가진 사람들이 모인다면, 그 펫로스 모임은 더 높은 응집력을 가질 것이고 모임은 더욱 효과적이겠죠.

다만, 이러한 이유로 모임이 지나치게 배타적으로 구성되어서는 안 됩니다. 진심으로 도움을 구하기 위해 펫로스 모임에 참가하고자 하는 반려인들에게 배려와 아량을 보이는 모임이 건강한 모임이겠죠.


둘째, 모임의 규칙이 있는지, 있다면 어떤지 살펴보세요.

좋은 펫로스 모임을 찾고 도움을 받을 방법을 알려드리고는 있지만, 사실 가장 안전하고 이상적인 방향은 전문가의 입회 아래 이루어지는 펫로스 모임입니다. 즉, 집단 펫로스 상담의 형식을 띠는 모임이죠.

여건상 전문가가 집단 상담에 참여하지 못해서 적절한 중재와 상담 개입이 이루어질 수 없다면, 모임에는 엄격하고 잘 짜인 규칙이 꼭 필요합니다. 모임을 주관하고 리드하거나 모임을 만들려고 준비하는 분이라면, 지금부터 말씀드리는 원칙이 의미 있는 모임을 만드는 데 도움이 될 것입니다.

첫 번째는 비밀 보장에 대한 원칙입니다. 비록 집단 상담이 아니더라도 모임 내에서 이루어지는 대화의 내용을 모임 밖에서 이야기해서는 안 됩니다. 그래야만 구성원들은 신뢰감을 가지고 용기 있게 자신의 펫로스 경험을 드러낼 수 있겠죠.

두 번째 규칙은 시간 약속을 지키는 것입니다. 구성원들끼리 정해둔 모임 시간에 늦거나 예고 없이 불참하지 않도록 규칙을 정해야 합니다. 이 시간이 소중하다는 분위기를 형성하는 것이 모임을 유지하는 데 도움이 되기 때문입니다.

세 번째는 상대방의 말을 경청하고 발언이 끝날 때까지 기다리는 것입니다. 당연하게 들릴지 모르지만 모임에 참여하는 구성원은 모두 존중받아야 합니다. 구성원들은 자신의 발언 시간이 아니더라도 사담을 자제하고 끝까지 경청하는 자세를 가져야 합니다.

네 번째로 상대방의 말이나 생각, 감정 등을 비난하지 않고자 노력하기로 약속해야 합니다. 이것은 상대방의 말에 대한 자기 생각을 이야기하거나 반박하지 말라는 의미는 아닙니다. 다만, 정당하고 정중한 비판이 아닌 '비난'은 모임 구성원에게 상처를 줄 수 있습니다. 응집력을 떨어트릴 수도 있고, 자유롭고 솔직한 표현을 저해하기도 하고요.

셋째, 발언 기회가 모두에게 공정하게 돌아가는 방식의 모임이어야 합니다.

한두 사람이 발언 시간을 독점해서는 안 되며, 모두 공정하게 발언권을 가져야 합니다. 한 사람당 몇 분씩 시간이 주어지는 딱딱한 방식 대신에 자유로운 분위기에서 공평하게 시간이 배분될 수 있도록 서로 배려하는 것이 좋습니다.

요즘은 오프라인뿐 아니라 온라인에서도 다양한 형식의 펫로스 모임이 진행됩니다. 다음이나 네이버 같은 사이트에서 운영되는 카페부터 페이스북이나 인스타그램 등의 SNS 서비스 그리고 카카오톡 등의 오픈 채팅방까지, 펫로스와 관련된 온라인 모임은 다양합니다.

오프라인 모임에 참여하기 힘들다면 이런 온라인 모임을 적극적으로 활용해도 좋습니다. 직접 얼굴을 맞대지 않는 편이 오히려 나의 이야기를 꺼내기 쉬울 수도 있지요. 하지만 단점도 있습니다. 이러한 모임은 구성원들이 어떤 사람인지 알 수 없다는 점입니다.

모임에는 반려동물과 사별한 경험이 있는 반려인뿐 아니라, 반려동물과 함께 사는 반려인 혹은 반려동물에 우호적인 비반려인 등 다양한 사람들이 참여하는 것이 좋습니다. 간혹 반려동물이나 펫로스에 비판적인 사람들은 펫로스 증후군으로 힘든 시간을 보내고 있는 반려인들에게 상처 주는 말들을 뱉고, 이것은 이차적 고통으로 이어집니다. 따라서 펫로스를 경험한 반려인에게 진정한 위로와 지지를 줄 수 있는 온라인 모임에 가입하여 활동하기를 추천합니다.

# 상담을 마치며

○

펫로스를 경험했거나 펫로스를 앞둔 반려인들에게 펫로스에 대한 이야기를 쓰면서 우리의 삶이 무한하다면 어떨지 생각해 봤습니다.

삶에 끝이 없다면 우리는 조금 덜 고통스러울지 모릅니다. 하지만 그러면 서로를 소중하게 여기지도 않고, 진심으로 사랑하지도 못하지 않을까요?

죽음은 우리 삶을 비통하게 만들지만, 우리와 우리를 둘러싼 사람들과의 관계를 가치 있게 만듭니다. 지금 당장 힘들고 아프더라도, 펫로스를 밀어내지 않고 그저 알아차려보세요. 즐거움, 기쁨, 행복을 알아차리듯 슬픔과 그리움, 미안함을 알아차리고 받아들이면 안온한 일상으로 돌아올 수 있습니다.

펫로스에 대해 이야기하면서 저는 계속해서 펫로스 애도에 수용과 변화가 필요함을 말해왔습니다. 우리는 펫로스라는 현실이 우리에게 일어났음을 받아들여야 하며 과도하거나 잘못된 생각을 변화시켜야 합니다. 그러기 위해서 인지 오류를 바로잡고 마음 챙김 명상을 활용할 수 있으며, 때로는 이러한 수용과 변화에 다른 사람의 도움이 필요할 수도 있다는 점도 이야기했습니다.

저는 수용과 변화가 펫로스로 힘들어하는 당신의 삶 속에 녹아들기를 바랍니다. 수용과 변화는 비단 펫로스에만 적용되는 것이 아닐 수 있습니다. 일상에서 일어나는 모든 일이 수용과 변화를 필요로 하죠. 우울에서 벗어나기 위해서는 내가 우울감을 느끼고 있다는 사실을 받아들이고, 스스로가 가치 없는 존재라는 생각을 변화시켜야 합니다. 불안에서 벗어나기 위해서는 두려움을 인정하고 내가 이겨낼 수 없을 거라는 생각을 변화시켜야 하고요. 내가 새로운 삶을 살고 싶다면 지금까지 나에게 일어났던 일들을 수용해야 하며, 생각과 행동에 변화를 일으켜야만 합니다.

어쩌면 이 수용과 변화가 어렵게 느껴질지도 모릅니다. 이를 도와줄 수 있는 것이 '마음 챙김'입니다. 저는 마음 챙김을 좋아합니다. 일상생활을 하면서 스트레스가 심해지거나 업무에서 막히는 느낌이 들면 마음 챙김을 실천하지요. 특히 걸으면서 하는 것을 좋아합니다.

제 마음 챙김 걷기 경험을 예로 수용과 변화에 대해 말씀드려보겠습니다. 하루는 집 근처 숲 속을 걷고 있었습니다. 걸으면서 제 호흡에 집중하고, 숲 속에서 풍겨오는 풀 향기를 맡고, 나뭇잎의 색깔이 어떻게 변하고 있는지 바라보면서요.

그러던 중 돌부리에 발이 걸려 생채기가 났습니다. 순간 짜증이 밀려오면서 바보같이 왜 돌부리를 보지 못했나 자책하는 마음이 들었습니다. 호흡과 풀 향기와 나뭇잎에 집중하던 마음은 흐트러졌지요. 다시 걷기 시작했지만 발에서 계속 통증이 느껴졌습니다. 걷기가 불편해서 잠시 멈추기도 했고, 천천히 걷기도 했지요. 하지만 통증은 좀처럼 가시질 않았습니다. 순간 내가 지금까지 마음 챙김을 하면서 걸어왔음을 떠올렸습니다. 그래서 내게 느껴지는 이 통증 또한 알아차리며 걷기로 다짐했습니다. 호흡을 알아차리는 것처럼, 풀 향기를 알아차리는 것처럼, 발에서 느껴지는 통증도 알아차리며 걸어보았습니다.

통증은 계속 느껴졌지만 어느 순간부터 그것은 마음 챙김을 하며 걷는 것에 아무런 방해가 되지 않았습니다. 바로 그 또한 알아차리며 걸었기 때문이지요.

우리의 삶도 이와 같습니다. 우리는 살아가면서 다양한 경험을 합니다. 어떤 경험은 호흡처럼 의식적으로 떠올려야 기억할 수 있으며, 어떤 경험은 풀 향기처럼 기분을 좋게 만듭니다. 나뭇잎의 색깔처럼 비슷해 보이면서도 전혀 다른 경험들이 우리 삶에서 일어납니다. 돌부리에 발이 걸려 상처가 나듯이, 마음에 상처를 입는 일도 경험하지요. 이러한 경험들은 살아가면서 우리를 계속해서 괴롭힙니다. 우리에게 고통을 주고, 우리가 일에 집중하는 것을 방해합니다.

펫로스도 마찬가지입니다. 그날의 힘든 기억은 다시 의식의 수면 위로 올라와 우리를 괴롭힐 수 있습니다. 하지만 우리는 이 또한 알아차릴 수 있습니다. 나에게 이러한 기억이 올라왔음을 알아차리고 지금 이 순간 나에게 일어나고 있는 일들로 돌아올 수 있습니다. 즐거움, 기쁨, 행복을 알아차리듯이 우리는 슬픔과 그리움, 미안함이라는 감정도 알아차림을 통해 받아들이고 다시 일상으로 돌아올 수 있습니다. 마음 챙김을 통해 이 모든 것이 결국 나의 삶의 일부분임을 받아들이며 살아갈 수 있지요.

한 가지 개인적인 일을 고백하자면, 이 책의 마지막 부분을 쓰던 중 아버지가 대장암 2기에서 3기 정도 된다는 진단을 받았습니다. 심리 검사를 하던 중에 소식을 받았는데 감정을 추스르며 겨우 일을 마치고 병원으로 향했지요. 병원으로 가는 지하철 안에서 애써 올라오는 부정적인 생각들과 씨름을 벌여야 했습니다. 아직 아버지와 이별한 것도 아닌데 가슴이 먹먹해졌고, 제가 이별을 감당해낼 수 있을지 걱정이 되었습니다.

아버지는 헌신적이었습니다. 아버지라는 존재는 언제나 묵묵히 제 곁을 지켜주고 힘이 되어주었습니다. 즐거웠던 기억도 많지만 때때로 갈등도 있었지요. 제가 아버지에게 상처 주는 말을 뱉은 적도 있습니다. 그런 생각이 마구잡이로 떠오르자 소식을 받은 순간부터 모든 것이 죄스럽게 느껴졌습니다. 그동안 받았던 사랑조차도 죄송하고 '내가 그런 사랑을 받아도 되는 사람이었는가' 의심이 들기도 했습니다. 단지 아버지의 아들이었다는 이유로 말이죠. 화가 나서 내뱉었던 말, 무관심했던 행동 그리고 최근에 아버지의 건강을 챙기지 못했다는 사실이 너무 고통스럽게 다가왔습니다.

병원에서 만난 아버지는 괜히 무덤덤한 표정을 지어 보이려고 애쓰셨고, 그 모습을 보는 게 더 마음이 아팠습니다. "만약에 일이 일어났다고 해도 그건 어쩔 수 없는 거야"라고 아버지는 반복해서 말씀하셨습니다.

아직 정확한 결과가 나오지 않았지만, 저는 남은 시간 동안 아버지의 치료를 위해 노력할 것이라고 다짐했습니다. 아마도 이것은 장기전이 될 것이며, 그 과정에서 아버지도 저도 많이 지치겠지요.

하지만 노력할 것이라는 점이 중요합니다. 진단을 받은 뒤로 저는 아버지와의 시간을 더 소중하게 여기게 되었습니다. 좀 더 자주 연락을 드리고 좀 더 자주 찾아뵈었습니다. 미안하다는 말, 고맙다는 말, 사랑한다는 말을 더 자주 했고, 부모님 댁을 나설 때마다 항상 따뜻하게 안아드렸습니다. 이러한 변화는 어쩌면 아버지와 이별할지도 모른다는 두려움에서 왔을 수 있지만, 아버지와의 시간을 보다 값지고 의미 있게 보내야겠다는 긍정적인 목적에서 나오기도 했습니다.

내가 아버지에게 어떤 감정을 느끼고 있는지, 뭐라고 말씀드리고 싶은지, 지금 이 순간 무엇을 해야 하는지 생각하고 알아차려보는 것도 어쩌면 마음 챙김일 수 있겠지요. 저는 순간의 감정에 더 솔직하게 마주하고, 그래서 아버지와의 시간과 치료에 더 집중할 수 있었습니다.

우리에게 삶이 무한정 주어진다면, 생명이 영원하다면 어떤 일이 벌어질까요? 그렇다면 저는 지금 이 순간 아버지와 이별하는 것을 걱정하거나 슬퍼할 필요가 없겠지요. 전화를 받는 순간 먹먹해진 감정을 느끼지 않았을 것이며, 아버지라는 존재가 사라질까봐 두려워할 필요도 없을 것입니다. 제가 지금까지 아버지에게 주었던 상처를 반성하고, 남은 시간을 소중히 여기겠다고 다짐하지도 않았을 겁니다.

　우리의 삶이 무한하다면 우리는 조금 덜 고통스러울지도 모릅니다. 대신 지금의 저처럼 무언가를 절실하게 바라지도 않겠죠. 과거의 잘못을 반성하고 용서를 구하지 않을 것입니다. 언젠가 이별을 경험하리라는 사실을 알지 못한다면, 우리는 서로를 소중히 여기지 않고, 서로를 사랑하기 힘들지 모릅니다. 어쩌면 우리는 삶의 목표를 이루기 위해 노력하지 않을지도 모르며, 삶에서 어떤 가치를 느끼지도 못할 것입니다. 이렇듯 죽음은 삶을 비통하게도, 훨씬 더 가치 있게도 만듭니다.

　저와 아버지의 이야기는 미완성입니다. 아직 행복과 희망이 남아 있지요. 삶도 마찬가지입니다. 살아가는 모든 이의 삶은 미완성이며, 슬픔이 있는 만큼 행복과 희망도 남아 있습니다.

　제 글을 통해 잠시 슬픔에 잠겼더라도, 때로는 공감하고 때로는 희망을 얻을 수 있었기를 바랍니다. 펫로스에 대한 제 이야기는 여기서 마무리되지만, 우리 삶은 계속될 것입니다.

앞으로 무슨 일이 일어날지는 아무도 모릅니다. 반려동물과 사별한 뒤에 이 책을 읽는 당신은 저처럼 또 다른 반려동물과의 삶을 새롭게 시작할 수도 있고, 혹은 떠나보낸 반려동물을 기억하며 새로운 반려동물을 키우지 않고 지낼 수도 있겠지요.

어떠한 삶이든 펫로스 이후의 삶 또한 건강하고 가치 있는 삶이길 바랍니다. 이별을 준비하는 반려인들의 이별에 이 책이 작은 도움이 되기를 바랍니다. 그리고 펫로스를 경험한 반려인을 곁에 둔 분이라면 이 책을 통해 그들에게 공감하고 도움을 줄 수 있길 바랍니다.

여기까지 함께해주셔서 감사합니다.

밤하늘의 반짝이는 별로 저를 지켜보고 있을 반려견 다롱이와 반려동물의 삶을 끝까지 돌봐온 수많은 반려인분들께 이 책을 바칩니다.

# 어서 오세요,
# 펫로스 상담실입니다.

**초판 1쇄 발행** 2023년 9월 20일

**지은이** 조지훈

**펴낸이** 최지연
**마케팅** 장원정, 김경민, 윤여준
**경영지원** 김나영
**표지일러스트** 김라온
**디자인** 수오
**교정교열** 김민채

**펴낸곳** 라곰
**출판신고** 2018년 7월 11일 제 2018-000068호
**주소** 서울시 마포구 큰우물로 75 성지빌딩 1406호
**전화** 02-6949-6014 **팩스** 02-6919-9058
**이메일** book@lagombook.co.kr

ⓒ 조지훈, 2023

ISBN 979-11-89686-87-1 03180